한국을 사랑한 메리 스크랜튼

한국을 사랑한

메리 스크랜튼

이경숙 · 이덕주 · 엘렌 스완슨 지음

이화여자대학교출판부

간행사

이 책은 지난 2009년 10월 8일 스크랜튼 선생님 서거 100주기 기념 학술대회에서 발표되었던 논문들을 수정 · 보완해서 새롭게 펴낸 것이다. 선생님에 대한 글들을 함께 묶어서 한 권의 책으로 출간하게 된 것은 참으로 의의 있고 기쁜 일이라 아니할 수 없다. 이화여자대학교 역사를 깊이 음미할수록 우리는 선대 어른들께 특히 학교 창설자 메리 F. 스크랜튼 선생님께 한없는 감사와 존경을 보내게 된다. 그런데 이상하게도 그 당시 다른 선교 · 교육자분들은 일반적으로 잘 알려져 있는데 스크랜튼 선생님에 대해서는 그러하지 못한 것 같아 안타까웠다.

2009년 10월 8일은 스크랜튼 선생님 서거 100주기가 되는 날이다. 선생님에 대해 감사와 경의를 표하고 조금 더 잘 조명하고, 기리고자 우리는 2009년 2월부터 서거 100주기 기념행사 준비를 시작했다. 이즈음 우리는 뜻밖에 기적 같은 소식, 즉 선생님의 4대손(셀리 게일 부부, 토마스 데이비스 부부, 밴 패튼 부부 등 6명)과 5대손(폴 애딩튼, 줄리아 패튼) 등의 소식을 접하게 되어, 이들 후손들을 초청하여 추모식을 함께 할 수 있는 감격을 나누게 된 것이다. 사실 우리 학교는 2005년 '이화학당 한옥교사 복원 봉헌식' 때에도 선생님 후손들을 찾으려고 백방으로 노력했었다. 이번에 이렇게 선생님 후손들과 연락이 가능하게 된 것은 전적으로 엘렌 스완슨 씨의 수고 덕택이다. 그 전후 이야기는 여기서는 생략하기로 한다. 어쨌든 이화여대는 즉시 스완슨 씨와 접촉을 통해 그가 스크랜튼 선생님에 대한 자료를 수집하고 연구를 시작한 것을 알게 되어 그 완성을 위한 연구비를 지원했다. 이 책에 수록된 엘렌 스완슨 씨의 글은 이화여대에서 지원한 연구비로 이루어진 결과물인데, 아직 연구가 완성되지는 못했다고 한다.

2009년 3월 이화여대는 스크랜튼 선생님 서거 100주기 기념사업위원회를 구성하고 학교법인 이화학당의 이사장인 본인이 그 위원장직을 맡게 되었다. 그리고 이화여자고등학교, 스크랜튼 선생님과 아드님 윌리엄 스크랜튼 선교사께서 설립하신 아현교회, 상동교회, 동대문교회와 함께 서거 100주기 기념사업을 공동으로 개최하기로 하고, 관계 기관들이 수차례 만나 부분적으로는 독자적으로(교회와 학교의 특성상), 부분적으로는 합동으로 행사하기로 했다.

2009년 10월 4일 후손들의 이화여대 도착을 시작으로, 5일 대강당 채플부터, 7일 이화여고 방문 · 연합추모예배, 8일 양화진 묘소 참배 · 학술심포지엄 · 공동만찬 등이 매우 감동적으로 이루어졌었다. 특히 이화여대 대강당을 가득 메운 2천여 명이 아름다우면서도 장엄한 음악 속에서 함께 드린 추모예배는 한국 교회 역사상 기억될 만한 예배였다고들 한다. 이 자리에서 선생님께 감사와 존경의 마음을 공개적으로 표현하고 기리는 헌정패를 드린 일도 매우 감격적인 일이었다. 또한 8일 아침, 선생님의 직계 후손들이 100년 만에 이역만리 한국 땅에 묻히신 선생님께 꽃다발을 바치고 머리를 숙이는 것을 보시면서 얼마나 기뻐하셨을까 하는 생각에 함께 참배했던 우리들도 가슴이 뜨거워졌었다. 9일부터 12일까지 후손들은 서울 근교 · 고궁 탐방을 하고, 동대문교회 · 아현교회 · 상동교회를 방문했으며, 일본 고베에 있는 윌리엄 스크랜튼의 묘역도 참배했다.

스크랜튼 모자께서 124년 전 이국만리 낯선 한국 땅에 오셔서 밀알들이 되어 여성 교육 · 선교의 씨앗을 뿌리시고, 한국을 사랑하고, 소외된 여성과 서민, 우리 사회에게 빛과 희망을 심어주고, 하나님 역사하심을 통해 이렇게 큰 열매들을 본 후손들은 감회가 벅찼다고 귀국 후 답례서신에서 표현했다. 메리 F. 스크랜튼 선생님 서거 100주기 기념행사를 치르면서 매 순서마다 이렇게 소중한 기회를 허락해주신 하나님께 감사와 영광을 드리지 않을 수 없었다.

우리가 잘 알고 있는 바와 같이, 이화의 창립자이신 스크랜튼 선생님은 1832년 12월 9일 매사추세츠 주 벨처타운의 감리교 목사 에라스투스 벤튼의 딸로 태어났다. 그리고 1885년 미국 감리교 해외여선교회(Woman's Foreign Missionary Society of the Methodist Episcopal Church, WFMS)의 파송을 받아 한국 최초의 여성 선교사로 동년 6월에 53세의 나이로 한국에 오셨다. 한국에 오신 후에 1886년 여성 근대교육기관인 이화학당을 설립하셨고, 한국 최초의 여성 병원인 보구여관 설립을 주도하셨으며, 매일학교 설립 등을 통해 여성 문맹 퇴치 활동을 펼치셨다. 의사였던 외아들 윌리엄 스크랜튼과 함께 동대문감리교회, 아현감리교회, 상동감리교회를 설립하셨고 선교는 물론, 한국의 여성을 위한 교육 사업과 가난한 자, 병든 자를 위한 의료 사업을 펼치시다가 1909년 10월 8일에 세상을 떠나셨다. 여성 선교사로서 한국에 오신 선생님은 한국 여성이 인간답게 살도록 하기 위하여 이화학당을 설립하여 한국 최초로 여성 공교육을 시작하셨으며, 또한 사랑 · 헌신 · 희생 · 섬김 · 나눔의 정신을 펼치셨고 이를 직접 실천하셨다. 무엇보다도 선생님의 한국 사랑은 참으로 유별하였다. 스크랜튼 선생님은 이화학당 건물을 지을 때에도 양옥이 아닌 한옥으로 지으셨으며 또 교육의 목표도 "한국인을 보다 나은 한국인으로 만들어", "그들이 스스로 한국인임에 긍지를 갖도록 하기 위함"이라고 천명하셨다. 이렇게 스크랜튼 선생님의 여성교육정신과 목표는 단순한 기독교 선교의 차원을 넘어서서 소외된 사람, 국가와 민족을 사랑하고 이를 위해 공헌하는 한국 여성을 만드는 데 있었는데, 이는 참으로 놀라운 사실이다. 일부 선교사들이 피선교지의 국민의식이나 정서를 도외시하고 고압적인 자세로 서양 문화와 종교를 강요했다는 비판을 받기도 하는 점을 상기해볼 때 스크랜튼 선생님의 선교와 교육 정신이 얼마나 인간적이고 진취적이고 뛰어난 것이었는가를 느낄 때 저절로 머리가 숙여지며 지금 생각해도 존경스럽다.

그런데 유감스럽게도 선생님 스스로 글을 많이 남기시지도 않았고 또 선생님에 대한 자료도 별로 많이 찾지 못해서 선생님에 대한 연구가 지금까지 그다지 활발하지 못했던 것도 사실이다. 특히 한국에 오시기 이전의 선생님의 사상이나 종교적 신념을 알 수 있는 자료는 찾기가 어려웠다. 그런 의미에서 2009년 10월 8일 오후 2시에 있었던 '메리 F. 스크랜튼 선생님의 여정과 여성교육정신'이라는 학술심포지엄은 스크랜튼 선생님에 관한 새로운 사실들을 밝혀주는 매우 유익하고도 소중한 기회였다. 엘렌 스완슨 씨는 주로 미국 안에 있는 당시 기록을 통해 한국에 오시기 이전의 스크랜튼 선생님의 삶을 조명하려고 노력했다. 스크랜튼 선생님의 친가 벤튼 가문과 시가 스크랜튼 가문의 족보를 추적하여 선생님의 삶의 배경을 추적했고, 아직 한국에는 소개되지 않았던 결혼 기록이라든지 스크랜튼 선생님 어린 시절의 역사적 배경을 소개하고 있다. 그리고 이덕주 교수의 글은 지금까지 한국에서 나온 스크랜튼 선생님에 대한 가장 방대한 연구라고 평가받을 만한 아주 귀중한 논문이다. 이는 저자가 한국 교회사를 연구하는 입장에서 주로 감리교 여성해외선교부에 보고된 선교활동 기록과 또 한국 감리교회에 수록된 감리교 여선교회의 역사를 총정리하여 스크랜튼 선생님의 선교에 관한 모든 기록을 수집하고 평가하고 정리해주고 있기 때문이다. 스크랜튼 선생님의 활동을 한국 교회사의 관점에서 정리해준 이 논문은 그 당시 한국의 상황을 알게 해주는 것은 물론 최초의 여성 선교사로서 스크랜튼 선생님의 선교에 대한 열정과 정신을 상세히 알려주는 매우 소중한 자료이다. 많은 사진을 함께 소개하고 있는 점도 독자들에게는 매우 유익할 것이라고 믿는다. 다음으로 이경숙 교수의 논문은 주로 한국 여성 교육에 관한 메리 F. 스크랜튼 선생님의 정신과 이를 계승하고 발전시킨 이화여자대학교의 교육 이념에 대하여 논하고 있다. 이경숙 교수는 그동안 이화여자대학교에서 발간된 이화여자대학교 70년사, 80년사, 100년사, 110년사에 수록된 내용들을 참고로 하면서 스크랜튼 선생님의 여성교육정신을 한국 여성의 입장에서 신학적으로 해석하려고 시도했고, 또 이런 선생님의 여성교육정신이 어떻게 이화여자대학교의 역사 속에서 계승되었는지를 살펴보고 있다. 이 논문은 이화여자대학교의 역사를 스크랜튼 선생님의 정신으로 되새겨보고 이를 앞으로 어떻게 발전시켜 나가야 할지에 대한 방향을 제시하는 것으로 이화여자대학교 교직원과 동문들, 또 학생들에게 추천하고 싶은 논문이다.

부디 이 책이 많이 읽혀져서 한국 교회사는 물론, 한국 여성교육사 및 한국 근대사 이해에 큰 보탬이 되기를 기대한다. 우리 여성과 우리 사회, 우리 민족에게 빛과 희망을 준 메리 F. 스크랜튼 선생님의 업적이 우리 근대사에서 제대로 평가되고 재조명되기를 바라는 마음 간절하기 때문이다. 아울러 서거 100주기 기념행사 이후 2009년 12월 대한민국 정부로부터 스크랜튼 선생님께 일반인이 받을 수 있는 최고 훈장인 무궁화훈장이 추서되었다는 기쁜 사실도 널리 알리고 싶다. 우리 사회에서도 스크랜튼 선생님같이 도전정신이 강하고, 개방적이고, 헌신적인 인물이 많이 배출되어 소외 계층을 껴안고 세계 평화와 인류애를 실현하는 인물들이 많이 나오기를 희망한다. 이런 좋은 글을 써서 발표하시고 또 이를 출판하도록 허락해준 필자들의 수고에 감사하며, 또 이 책을 내는 데 수고를 아끼지 않은 이화여자대학교출판부에게도 감사의 마음을 전한다. 또한 2009년 메리 F. 스크랜튼 선생님 서거 100주기 기념행사를 이화여자대학교와 공동으로 주최했던 이화여자고등학교, 동대문교회, 아현교회, 그리고 상동교회 관계자 여러분들께도 다시 한 번 지면을 빌려 감사드린다.

2010년 12월 6일

학교법인 이화학당

이사장 윤 후 정

차례

스크랜튼 선생님의 여성교육정신과 이화여대의 미래 비전

이경숙

시작하는 말

이화여자대학교는 매년 5월 31일에 학교 창립 기념식을 갖는다. 그리고 창립 기념식이 있는 주간에는 채플 시간에 주로 학교 창립과 관련된 이야기들이 반복되어 전해진다. 그 이야기는 대개 미국 오하이오 주 레베나에서 있었던 미국 감리교 여성해외선교회 지방선교회에서 볼드윈 여사가 조선 여성을 위한 특별선교헌금을 바치면서 "이 작은 헌금이 이름조차 갖지 못한 조선 땅의 소녀와 여인들에게 복음을 전하는 데 쓰이기를 바란다"는 말을 하셨다는 이야기로 시작된다. 이렇게 내놓은 선교기금이 한국 여성을 위한 최초의 선교 기금이 되었고, 이것이 씨앗이 되어 스크랜튼 선생님이 여성 선교사로 파송되었고, 스크랜튼 선생님이 이화학당을 설립하셨고, 이로써 한국 여성 교육이 시작되었고, 그 이후 한국 여성 교육은 이화를 중심으로 눈부신 발전을 하게 되었다는 것이다. 이 이야기는 들으면 들을수록 감동적이다. 그러나 대부분의 이화인들은 이 이야기를 들을 때에는 감격하지만, 이 이야기 속에 담겨 있는 고귀한 정신과 의미를 충분히 음미할 수 있는 기회를 갖지 못하고 이화의 교정을 떠나게 된다. 이는 참으로 아쉬운 일이다. 이런 의미에서 스크랜튼 선생님이 소천하신 지 100년이 되는 2009년 10월 8일, 이화인 전체가 함께 모여 스크랜튼 선생님의 선교 정신과 이화의 교육 정신을 기리는 기회를 가지게 된 것은 참으로 다행이라고 생각한다. 이화인들이 이화의 뿌리를 알고, 스크랜튼 선생님을 위시한 여러 스승님들의 이화를 위한 끊임없는 희생과 헌신, 그리고 고귀한 기독교 정신들을 깨닫는 것은 참으로 중요하기 때문이다. 스크랜튼 선생님의 서거 100주기를 맞이하여 스크랜튼 선생님의 선교 활동과 여성교육정신에 대해 알아보고, 또 이를 통해 이화의 과거와 미래를 되새기는 계기를 갖게 되기를 바란다. 이를 위하여 이 글에서는 스크랜튼 선생님과 관련된 내용을 좀 더 심도 있게 살펴보고, 이를 통하여 19세기에 한국에 뿌린 스크랜튼 선생님의 선교 정신을 21세기에 계승하는 길을 모색해보기로 하겠다. 이로써 스크랜튼 선생님이 세우신 이화여대가 앞으로 나아가야 할 방향과 미래의 비전을 간단하게나마 생각해보려고 한다.

미국 감리교 여성해외선교회와 볼드윈 여사에 대한 새로운 조명

총장실이 있는 본관 건물에 들어설 때 눈에 잘 띄지는 않지만 왼쪽 벽에 이화 50주년 기념 동판이 붙어 있는 것을 볼 수가 있다. 이 동판은 이화가 50주년을 맞이하는 1936년을 기념하여 만들어진 것인데, 스크랜튼 선생님을 한국에 파송한 미국 감리교 여성해외선교회(Woman's Foreign Missionary Society, WFMS)[1]가 이화 창립과 그 발전에 막대한 공헌이 있음을 치하하는 내용이 들어 있다. 그 동판에 '부인선교회'라고 번역된 WFMS는 1869년 3월에 조직되었는데, 우리는 이 기관에 대해 별로 큰 관심을 기울이지 않고 있다. 그러나 이 기관 자체가 이화

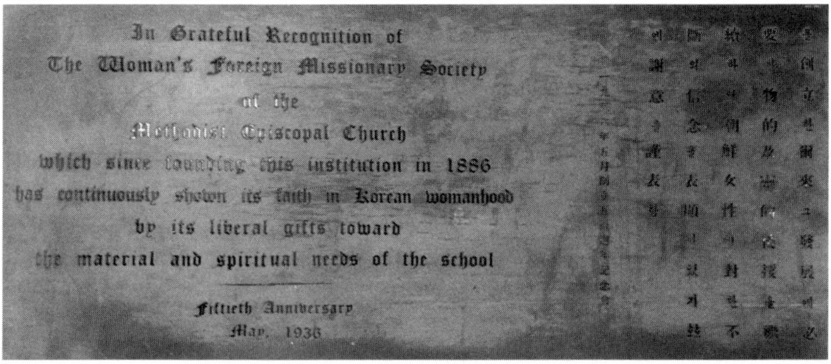

이화 50주년 기념 동판

의 역사에 있어서뿐만 아니라, 미국 감리교 여성들의 독립적이고 진취적인 정신을 잘 보여주고 있어서 좀 더 정확히 검토해볼 필요가 있다.

19세기 말 미국의 교계가 세계 전반으로 눈을 돌리면서 인도나 중국에서 선교 사업을 하던 선교사들이 아시아에서 선교를 하기 위해서는 여성 선교사 파송이 필요함을 절실히 느끼고 있었다. 그러나 그 당시 감리교 교단에서는 남성 선교사 파송을 원칙으로 하고 그 부인을 보조원으로 파송하는 실정이었다. 인도에서 선교 활동을 하던 파커 선교사 부부로부터 이러한 사정을 전해 들은 감리교 여성들은 1869년 자발적으로 여성해외선교회, 즉 WFMS를 결성하고, 여성들이 교회나 교단에 내는 헌금 이외에 따로 독자적으로 기금을 내어 관리해가면서, 독자적으

1 B. E. Campbell, *To Educate is to Teach to Live, Women's Struggles toward Higher Education*, Women's Division, General Board of Global Ministries, New York: The United Methodist Church, 2005, pp. 1-4.
WFMS의 회원들은 모두 자원봉사자들이었으며 월급 받는 회원은 아무도 없었다.
WFMS는 일반적으로 '감리교 해외여선교회'로 불리는데, 이 경우 '여성'이 강조되지 않아 본 글에서는 '감리교 여성해외선교회'로 칭한다.

로 여선교사를 파견하여, 아시아 여성을 위한 선교 사업을 시작했다. 그 당시 미국 감리교 여성들은 매우 적극적이고 자의식이 강하고 여성의식이 높았다. 시기적으로 남북전쟁(1861-1865)이 끝나고 여성들이 국가를 위해 여러 가지 일을 담당하고 자신들의 능력을 발휘하고 인정받던 때였기 때문이다. 미국 여성들이 참정권 운동, 절제 운동 등을 벌이면서 적극적으로 가정과 사회에 참여하는 여성의식을 고취하던 시기였던 것이다. 이런 분위기에서 미국 감리교 여성들도 "여성도 남성에 못지않게 일을 해낼 수 있다"는 자신감에서 단독으로 기금을 모으고, 단독으로 여성 선교사를 선발하고, 독자적으로 이들을 재정적으로 지원한 것이다. 물론 감리교 교단에서는 이를 좋아하지 않아서 돈을 감리교 본부에 일단 맡기라고 여러 번 요청했고, 또 오랫동안 정식 기구로 인정하지도 않았다. 그러나 여성들은 표면적으로는 교단 본부와 마찰을 피하면서도 이 기금 관리를 남성들에게 넘기지 않았고 독자적으로 운영해왔다.[2] 그 결과 WFMS는 1878년에 감리교 교단의 정식 기구로 인정을 받았고 재정적으로는 1960년대까지 독립성을 가지고 있었다. 약 100년간 한국을 비롯한 세계 여러 나라에 그 많은 여선교사들을 파송할 수 있었고 110여 개의 대학을 세우고 여성 교육을 할 수 있었다.[3]

미국 감리교 여성들이 남성 선교사의 보조원으로 만족하지 않고 여성들만이 자신감을 가지고 무엇인가를 성취하겠다는 의지의 결실이

2 이화100년사 편찬위원회 편, 『이화100년사』, 서울: 이화여자대학교출판부, 1994, 41면.

3 WFMS는 세계 각국에 세운 110여 개 대학 중에서 가장 성공적인 사례로 이화여대를 꼽고 있다. WFMS는 현재 미국 감리교 선교국 소속이 되었고 1972년부터는 7개국(division) 중에 하나인 여성국으로 편제되어 있다. 그러나 아직도 아시아와 아프리카의 여성과 아동을 위한 여러 가지 프로그램을 운영하고 있고, 이화여대와는 이화여성신학연구소와 유대하면서 아시아 여성을 위한 교육 프로그램을 진행시킨 바 있다.

WFMS라면, 그 정신이 현재까지 가장 잘 살아 있는 곳은 한국의 이화여대이다. "여성은 남성의 보조원이 아니고 독자적인 인간이며 남성과 동등한 능력을 지니고 있는 하나님의 피조물이다"라는 정신이 곧 이화여대가 가지고 있는 기본 정신이기 때문이다. 시대와 지역은 다르지만 두 기관 모두 남녀평등을 기독교의 기본 정신이라고 보고 여권 신장이나 여성의 지위 향상을 예수의 가르침과 결부시킨 점은 같다고 볼 수 있다. 그리고 두 기관을 연결시켜주는 고리가 바로 스크랜튼 선생님이다.

여기서 우리가 다시 한 번 생각해야 할 점이 있다. 캠벨이 쓴 WFMS 역사서 한국 편에는 우리가 알고 있는 것과 약간 다른 내용이 들어 있기 때문이다. 1883년 9월 오하이오 레베나에서 열린 WFMS 지방선교회에서 볼드윈(Mrs. L. B. Baldwin) 여사가 인도와 중국만이 아니라 한국에도 여선교사가 파송되기를 기원하시면서 헌금을 약속하셨다는 내용은 우리가 알고 있는 것과 같다.[4] 그런데 그 세부적인 내용이 약간 다르다. 캠벨에 의하면 볼드윈 여사가 WFMS 모임에서 헌금을 약속한 뒤 "이 작은 헌금이 이름도 갖지 못한 여성들이 살고 있는 어둠의 나라에 하나님의 빛이 전해지기를 바라는 마음에서, 또 이 빛이 꺼지지 않고 하나님에 대한 복음이 세상에 알려지는 토대가 되기를 바라는 마음에서 바친다"라는 편지와 함께 신시내티 지부에 돈을 부쳐왔다고 되어 있다.[5]

---

4 M. F. Scranton, "Woman's Work in Korea", *The Korean Repository* III-1, 1896, p. 2; M. Isham, *Valorous Ventures: A Record of Sixty and Six Years of the Woman's Foreign Missionary Society, Methodist Episcopal Church*, Boston: WFMS, 1936, p. 264.

5 B. E. Campbell, *To Educate*, p. 255. 캠벨은 1936년도에 Mary Isham이 쓴 *Valorous Ventures*라는 WFMS의 공식적 역사 기록에 의거해서 그렇게 주장한다. 그리고 필자에게 보낸 개인 메일에서 Mary Isham의 쪽지를 다음과 같이 소개하고 있다: "I give this as a nucleus around which contributions of the church shall gather until that dark land where woman has no name is reached and one more fire is lighted never to go out

그런데 이 주장은 *The Korean Repository* III-1(1896, p. 2)에 의거해서 "무명의 한 노부인(one dear old lady)이 작은 헌금을 내놓았다"라고 쓴 기록들[6]과는 약간 차이가 있다. 왜냐하면 이 분은 나중에 Mrs. L. B. Baldwin으로 밝혀졌고, 그 자리에서 헌금하시고 그냥 조용히 사라지신 것이 아니라, 헌금을 약정하고 송금을 하는 등 계속 WFMS와 관계를 가졌다고 말해주기 때문이다. 또 아주 나이 많은 '노부인'도 아닌 것 같다. 그 이유는 다음과 같다.

널리 알려진 대로 동대문 진료소에는 볼드윈예배당이 있었다. 그런데 『동대문교회 백년사』에는 "1892년에 특별히 감사한 일은 미국 선교부 총무로 있는 볼드윈 부인(Mrs. L. B. Baldwin)이 동대문 여성 사업을 위해 많은 기부금을 보내주어 예배실도 새로 짓고 여학교 교실과 진료소 건물도 확장한 것"으로 되어 있다.[7] 이 예배당의 기부자 이름이 한국 여성을 위한 선교 기금을 처음 내어놓았던 볼드윈(Mrs. L. B. Baldwin) 여사의 이름과 꼭 같은 것이다. 모두들 중국과 인도만 생각하고 있을 때 최초로 한국 여성을 위한 선교 기금을 내놓은 Mrs. L. B. Baldwin과 동대문 병원에 기부금을 보내준 Mrs. Baldwin은 동일 인물인 것이다. 짐작하건대 한국 선교를 위해 최초로 헌금을 내놓았던 볼드윈 여사는 스크랜튼 선생님과 교류를 지속하였고, 스크랜튼 선생님의 요청에 따라

---

until the knowledge of God covers the earth." 캠벨은 255면에 나오는 Mrs. Wallace는 착오라고 개인적 메일로 알려왔다.

6 정충량, 『이화80년사』, 이화80년사 간행위원회 편, 서울: 이화여자대학교출판부, 1967, 33면; 민숙현 · 박해경, 『한가람 봄바람에: 이화100년 야사』, 서울: 지인사, 1981, 45면.

7 윤춘병, 『동대문교회백년사』, 서울: 밀알기획, 1990, 86면; W. B. Scranton's Letter to Dr. A. B. Leonard, Dec. 21, 1892; *Annual Report of Methodist Episcopal Church* 1893, p. 252에 따르면 Mrs. L. B. Baldwin은 오하이오 주 클리블랜드에 살고 계셨다.

동대문 진료소 예배실을 위한 기금도 보내주신 것 같다.[8] 또 우리가 생각해볼 수 있는 것은 볼드윈 여사가 미국 선교부 총무였다면 아직 활동이 왕성했을 것이고, 그렇다면 볼드윈 여사가 한국 여성을 위해 최초로 헌금을 냈을 때 그렇게 나이가 많지는 않은[9] 매우 활동적이고 여성의식이 강한 진취적인 여성이었을 것이라는 점이다. 한국 선교에 관심이 많았던 볼드윈 여사가 첫 여선교사 스크랜튼 선생님과 계속 친분을 유지했던 것이 아닌가 짐작해볼 수 있다.

그렇다면 볼드윈 여사는 어디에서 한국 여성에 관한 소식을 들었을까? 이에 대해 『이화100년사』는 1883년 *The Missionary Review* 11월호와 12월호에 한국 선교를 위해 일본에 머물던 이수정과 일본에 있던 성서공회 총무 루미스(H. Loomis)의 호소가 실렸다는 점과, 또 최초로 성서를 한글로 번역한 선교사 존 로스(J. Ross)와 일본 동경대학 동양학과 그리피스(W. E. Griffis) 교수의 조선에 관한 글, 특히 조선 여성들은 이름이 없다는 기사가 뉴욕에 소개가 되었다는 사실에 주목하여, 볼드윈

8 스크랜튼 선생님은 이때부터 나중에 이화의 전통이 된 친지에게 편지 쓰기를 시작하셨던 것 같다. 이화학당을 지을 때에도 여성해외선교회에서 예산이 없다는 소식을 전해왔을 때부터 스크랜튼 선생님은 고국의 친지들에게 다급한 형편을 전하고 도움을 청해서 Mrs. W. E. Blackstone이라는 분이 3,000불을 희사했었다. 현재 William Eugine Blackstone 기념도서관이 코네티컷 주 브랜포드(Branford)에 있다고 한다(Ellen Swanson의 보고서). 『이화100년사』에서 Mrs. M. E. Blackstone으로 되어 있는 것은 Mrs. W. E. Blackstone의 착오인 듯하다(B. E. Campbell, *To Educate*, p. 257을 참조함). 그리고 상동교회를 지을 때에도 스크랜튼 선생님이 개인적으로 미드(Mead) 여사의 딸과 접촉하여 4,000불을 기부받았는데 상동교회는 이를 기념해서 미드미모리얼회당이라 불렀다. 『상동교회백십일년사』, 기독교대한감리회 상동교회 편집위원회 편, 1999, 57-60면 참조.

9 캠벨은 'one dear old lady'라는 표현은 '노부인', 즉 나이가 많았다는 표현이 아니라 그 당시 표현으로 아주 완숙기에 접어든 여인이라는 표현으로 보아야 할 것이라고 말한다. 그리고 총무라는 말도 모두 자원봉사에 해당하므로 열심 회원으로 해석한다.

여사가 이 기사들을 읽고 한국 여성들이 이름조차 없다는 사실에 충격을 받아서 조선에 하나님의 빛을 보내기를 원한 것이 아닌가 추측하고 있다.[10] 그러나 캠벨은 "볼드윈 여사가 감리교에서 나오는 *(Methodist) New York Advocate*에서 한국 여성들이 이름도 없다는 기사를 읽었다"[11]고 쓰고 있다. 아마 *(Methodist) New York Advocate*가 그리피스, 존 로스, 루미스 혹은 이수정의 기사를 소개했던 것 같다. 이렇게 본다면 이화인은 물론 한국 여성들은 모두 스크랜튼 선생님과 WFMS를 세웠던 초기 회원들, 그리고 그 당시 한국의 실정을 소개했던 이수정, 루미스, 존 로스, 그리피스, (*Methodist*) *New York Advocate*, 또 이를 읽고 한국의 선교를 위해 첫 헌금을 내놓고 또 동대문 진료소도 크게 도와준 볼드윈(Mrs. L. B. Baldwin) 여사에게 큰 빚을 지고 있는 셈이다.

한국 여성 교육을 시작하신 스크랜튼 선생님과 이화학당

감리교 교단에서 1884년 10월 의사였던 윌리엄 스크랜튼 부부를 감리교 선교사와 그 보조원으로 한국에 파송하자, 볼드윈 여사의 기부를 시작으로 모아진 헌금으로 조선 여성을 위한 선교 계획을 세웠던 WFMS에서는 윌리엄 스크랜튼 선교사의 어머니 메리 스크랜튼 선생님을 여선교사로 한국에 함께 파송하기로 하고 의사를 타진했다. 당시 52세였던 스크랜튼 선생님은 코네티컷과 뉴욕의 WFMS 회원이었다. 인생의 후반기를 맞은 나이였지만 신앙에 대한 헌신과 여성의식이 확고해서 아들

10 『이화100년사』, 34면.

11 B. E. Campbell, *To Educate*, p. 255.

내외와 함께 한국에 와서 한국 여성들을 위한 선교에 나서기로 결심하셨다. '시란돈', '스크랜튼 노부인', '스크랜튼 대부인'으로 불린 선생님은 "어딘지 모르게 귀족적인 인상을 주는 이지적인 부인이었고"[12] "눈은 크지 않고 입은 언제나 꼭 다물고 있었으며 머리는 정수리에다 똬리처럼 틀어 얹었고 옷은 가슴을 내놓는 일이 없이 늘 목까지 올라오는 것을 입으셨다"고 한다.[13] '스크랜튼 대부인'이라는 말이 그 당시에 공식적 명칭이었는데, 훌륭한 아들을 둔 어머니라는 의미가 있는 대부인(大夫人)이라는 용어는 그 아들 윌리엄 스크랜튼 선교사를 중심으로 칭한 존칭으로 남성 중심적 의미가 강하다. 그러므로 우리는 메리 스크랜튼 선생님이라는 친근한 칭호를 쓰는 것이 더 합당하다고 생각한다.

스크랜튼 선생님과 한국의 정신적 결속은 처음부터 상당히 강했던 것 같다. 아직 한국에 도착하기도 전에 "일본에서의 생활은 즐거우며 선교사들의 생활 조건도 훌륭하나 나는 내 민족(한국인)에게 가서 그들 속에서 살고 싶다"고 하면서 "사람의 생각으로는 모두 안전하지 못함을 알지만 약속은 사람의 지혜보다 더 높은 곳에 있는 줄 믿기에 조금도 두렵지 않다. 가능한 대로 빨리 일할 수 있도록 준비 중이다"[14]라고 한국에 대한 기대감을 표현하셨다. 1885년 6월 16일에 정동에 도착하신 후, 처음 한국에서의 경험에 대해서도 "처음 몇 달 동안의 경험은 여러 가지로 시련을 겪어야 했음에도 불유쾌한 것은 아니었다. 처음에는 암담하기도 했으나 '한국에 오게 된 것이 기뻤다'고 말할 수 있다. 우리가 한국인들

---

12 노천명, 『이화70년사』, 이화70년사 편찬위원회 편, 서울: 이화여자대학교출판부, 1956(=4289), 23면.

13 민숙현 · 박해경, 『한가람 봄바람에』, 54면.

14 정충량, 『이화80년사』, 38면에서 간접 인용; *16th Annual Report of WFMS*, Jan., 1886, pp. 47-48.

이화학당 최초의 한옥교사

의 마음에 들었건 들지 않았건 한국인들이 우리 마음에 든 건 사실이며 그들에게 하나님의 축복을 전하고자 하는 욕망은 점점 커져갔다"[15]라고 술회하셨다.

1885년 정동 외국인 공관들이 들어선 곳에 자리를 잡은 스크랜튼 선생님은 아펜젤러의 따님 엘리스 아펜젤러가 태어나 추운 집에 눕힐 수가 없어 품에 앉고 재울 때에 한국 여성을 위한 학교를 세우기로 결심하셨다. 그리고 이화학당의 시작과 그 어려움은 널리 잘 알려져 있다. 특히 학생을 구할 수 없어서 겪은 어려움이 제일 컸는데, 그 이유는 상류층과 중산층 여자애들은 규방에 깊이 숨겨져서 학교로 데려올 수가 없었고, 하층민 여자애들은 매매가 되고 있었기 때문에 구할 수가 없었다.

---

15 민숙현 · 박해경, 『한가람 봄바람에』, 47면.

이화학당 초기의 학생들

이 점에서는 배재학당은 이화학당과는 비교할 수 없을 만큼 유리한 입장이었다. 그 당시 한국 여성은 '여자와 소인은 가르치면 안 된다'는 이유로 아들을 낳아주고 살림을 한다는 두 가지 쓸모 이외에는 가축이나 다를 것이 없이 다루어졌다. 여자는 사고력이나 판단력이 있어도 안 되고 감성이나 지성이 있어도 안 되었다. 양반가라고 해도 여자는 삼종지도, 베 만드는 일, 내외법, 그밖에 제사법을 익히는 것이 전부였다.[16] 따라서 여성은 아무도 학교에 와서 교육을 받으려고 하지 않았던 것이다. 결국 영어를 배워서 명성황후의 통역사가 되기를 원했던 고관의 소실 김부인, 목숨을 연명할 수 없어서 맡겨진 꽃님이,[17] 호열자를 앓다가 버

16 이에 대해 이규태, 『한국 여성의 의식구조 제1권: 생구인가 사람인가』, 서울: 신원문화사, 1992, 68-70면을 참조; 조선 숙종 홍만선이 쓴 『산림경제』(1664-1715)에 있는 여자 교육론에는 약간의 언문 교육이 포함된다.

려진 별단이[18] 등이 최초의 이화의 학생들이 되었다는 이야기는 아주 유명하다.

그밖에 남녀내외법도 스크랜튼 선생님이 넘어야 할 산이었다. 교회도 그렇고 학당도 그렇고 설교하거나 가르칠 사람은 대부분 남성이었는데, 이들은 여학생들과는 얼굴을 맞댈 수 없었기 때문이다. 스크랜튼 선생님은 고심 끝에 1888년 학당 안에 주일학교를 만들고, 설교자와 설교를 듣는 자 사이에 휘장을 치고 설교자는 휘장을 바라보며 휘장 뒤에서 설교하게 했다.[19] 남자가 부녀자를 맞대놓고 설교를 한다는 것은 남녀내외법이 강한 풍토에서 있을 수 없으며 굳이 강행한다면 모였던 부녀자들이 기겁을 하고 도망갈 것이 분명했기 때문이었다. 그리고 세례를 줄 때에는 휘장에 구멍을 내어 고개를 내밀고 세례를 받게 했다. 참으로 기발한, 당시 한국 실정에 맞춘, 교회 스타일인 것이다. 이런 상황 속에서 4년 뒤 1892년에 세워진 동대문병원 볼드윈예배당은 훨씬 진보적인 형태를 갖추게 되었다. 볼드윈예배당에서는 설교자와 설교를 듣는 이 사이에 휘장을 없애서 설교자를 직접 바라볼 수 있게 되었고, 또 한국 최초로 남녀가 한 곳에 앉게 된 것이다. 그렇다고 아직 남녀 동석이 허락된 것은 아니고 중간에 병풍을 쳐놓아 남녀가 따로 앉았다. 이렇게 중간

---

17 두 번째 학생과 세 번째 학생의 이름에 대해서는 『이화80년사』 44-45면과 『이화100년사』 51-52면이 서로 다르다. 이규태는 『한국 여성의 의식구조』 83면에서 『이화80년사』에 의거해서 두 번째 학생 이름을 "이를라"로 보고 있다.

18 W. B. Scranton, *Annual Report of Missionary Society of the Methodist Episcopal Church*, 1886, pp. 275-276; 이덕주, 『선한 사마리아인의 애오개 사랑: 아현교회110년사』, 기독교대한감리회 아현교회, 서울: 밀알기획, 2001, 39면.

19 B. E. Campbell, *To Educate*, pp. 258-259; Kyung-Lim Shin Lee, *Pear Blossoms Blooming*, Seoul: Ewha Womans University Press, 1989, p. 17. 스크랜튼 선생님이 남자 선생을 가두었다는 일화도 있다. 이규태, 『한국 여성의 의식구조』, 91면.

에 병풍을 치고라도 남녀가 한 곳에 앉은 것은 그 당시에는 매우 혁명적인 발상이었다.[20]

스크랜튼 선생님이 고안해낸 휘장이라는 기발한 아이디어는 학교 교육에도 널리 이용되었다. 남자 선생이 꼭 필요했을 때 이 휘장 강의는 안성맞춤이었다. 이화학당에 대해 사회적 분위기가 호의적이 아니었던 초창기에는 영어와 언문 그리고 생리학 등이 강의되자 아이들에게 진서—한문을 뜻함—를 가르치지 않으니 그것이 무슨 학교냐고 사회 여론이 매우 험악했다.[21] 이에 호응해서 학당에서는 한문을 가르치기로 결정하고 선생을 물색했다. 물론 남자 선생일 수밖에 없었다. 하는 수 없이 나이 든 할아버지 같은 한문 선생을 교단에 세웠다. 그런데 이화학당에서 처음으로 남자를 학당 선생으로 쓴다는 소문이 나돌자 학부형들은 앞을 다투어 딸을 데려가겠다고 법석을 피웠다. 그리하여 스크랜튼 당장은 휘장 수업을 한다는 것을 잘 설득시켜 돌려보내곤 했다. 물론 몇 년이 지나서는 약간 개화되어 휘장은 치지 않았다. 그 대신 이 한문 선생은 교단의 의자를 거꾸로 놓고 등을 학생 측에 댄 채 흑판만을 보고 가르쳐야 했다. 이 한문 선생이 교실 문에 이르면 복도에서 크게 마른기침을 한다. 학생들은 남자 선생이 교실 문 밖에 와 있다는 것을 그 기침을 신호로 하여 알아차리고, 여학생들은 형식적으로나마 고개를 일제히 교실 문에서 반대쪽으로 돌려 외면을 한다. 선생이 문을 열고 들어와 교탁의 의자에 등대어 앉으면 역시 다시 한 번 마른기침을 한다. 이 소리를 신호로 하여 학생들은 고개를 바로 잡는다. 이 할아버지 선생은 내내 흑판만을 보고 수업을 해야 했다.[22]

---

20 윤춘병, 『동대문교회백년사』, 87면.

21 이규태, 『한국 여성의 의식구조』, 92면.

이런 분위기에서 한국 여성 교사의 출현은 대환영이었는데 첫 한국 여성 교사의 이름은 이경숙(李卿淑)이었다.[23] 1889년에 부임한 이경숙 선생은 언문과 한문을 가르쳤고 박영효의 딸 박묘옥과 함께 스크랜튼 선생님과 같이 지내면서 스크랜튼 선생님의 교육과 선교 사업을 도왔다고 한다.[24] 이화학당의 전통적인 여성끼리의 돈독한 우정이 이때부터 시작된 셈이다. 미국인이든 한국인이든 학교 운영에 마음이 맞는 여성들끼리 긴밀한 협조가 이루어졌던 것이다. 이경숙은 최초의 한국인 교사로 이화를 한국 사람들에게 소개하는 데 큰 공헌을 했다. 특히 봄철 초파일에 절 구경 가는 것처럼, 학교 구경을 할 수 있는 날이면 수많은 사람들이 이화학당을 구경했는데, 이때 이경숙 선생이 설명을 잘해서 여학교의 인상을 아주 좋게 만들었다고 한다.[25]

이화학당이라는 이름에 얽힌 사연도 매우 의미심장하다. 원래 스크랜튼 선생님은 민간에서 반발이 큰 것을 왕실에서 인정하는 기관이라면 민간의 저항이 줄어들 것으로 보고 왕실과의 관계를 잘 맺으려고 노력했다. 왕실도 이들의 노력을 기뻐하여 학교를 인정한다는 상징으로 이화학당이라는 이름을 하사했다.[26] 스크랜튼 선생님은 전신학교(Entire

---

22 이규태, 『한국 여성의 의식구조』, 92면.

23 이경숙의 한자 이름은 대부분의 책들에서 李慶淑 혹은 李京淑으로 잘못 소개되어 있으나 李卿淑이 올바른 이름이라는 사실이 이번 스크랜튼 서거 100주기 기념 학술 심포지엄 이후에 목원대학교에서 교회사로 박사과정을 밟고 있는 고성은 목사에 의해 밝혀졌다. 2009년 10월 17일자 『기독교타임즈』 22면 참조.

24 민숙현 · 박해경, 『한가람 봄바람에』, 54면; 이배용 · 이현진, 『스크랜튼』〈이화 역사의 뿌리를 찾아서 1〉, 서울: 이화여자대학교출판부, 2008, 116-118면.

25 이규태, 『한국 여성의 의식구조』, 95면.

26 『이화100년사』, 53-54면에는 김윤식의 회고록으로 미루어 '이화'라는 이름을 외무대신 김윤식을 통해 사액(賜額)했고, 그 이름도 김윤식이 지은 것으로 추측한다; *18th Annual Report of WFMS*, 1887, p. 50.

Trust School)라는 이름을 준다는 풍문이 있었다고 술회하셨다[27]는데 아마 전신(專信)학교라는 이름은 스크랜튼 선생님의 아이디어였을 것이다. 그러나 그 이름으로 교명이 지어졌더라면 학교가 오늘날의 이화 같은 세계적인 여자대학교로 발전을 할 수 있었을지는 의문이다. 그 이름이 매우 신앙적이어서 신학교 같은 인상이 강하기 때문이다. '이화'라는 교명이 지어진 배경에는 여러 가지 학설이 있지만 학당 근처에 배밭이 많아서 지어진 이름이었다는 이론이 가장 큰 지지를 받고 있다.[28]

학당의 이름이 설립자인 외국인 이름을 따라 지어지지 않았고,[29] 또 너무 기독교 신앙적인 분위기를 풍기는 전신학교로 정해지지도 않고, 또 한때 이화 후원자들이 일본 등의 예에 따라 한국기독교여자대학(Women's Christian College of Korea)으로 바꿀 것도 검토된 적이 있었다니[30] 우리는 '이화'라는 이름을 갖게 된 것에 감사하며 이를 뜻있게 간직해야 될 것 같다. 더군다나 이화라는 이름이 일제에 의해 '이화여자전문학교 여자청년연성소 지도자양성과' 혹은 '경성여자전문학교'로 변경된 적도 있음을 상기할 때 더욱 그렇다. 국가에서 '이화'라는 교명을 지어준 것은 구한말 건학 이념에 따라, 아니면 학교가 있던 지역의 특성에 따라 교명이 지어졌던 한국 풍습을 보여준다고 볼 수도 있다. 이에 대해 스크랜튼 선생님은 "한국 사람은 여자를 지칭할 때 매우 낭만적

---

27 정충량, 『이화80년사』, 54면; M. F. Scranton, *18th Annual Report of WFMS*, 1887, pp. 50-51.

28 『이화100년사』, 54-56면에는 워렌 감독의 배꽃의 왕실문양설을 거부하고 있다.

29 WFMS가 설립한 학교 중에도 다른 나라에서는 설립자의 이름을 딴 학교 이름이 많다. 가령 Isabella Thoburn College, Clegio Bennet, Harris Memorial College, Mary Johnston College of Nursing 등이 있다.

30 *Korean Mission Field*, 1937, 7; 민숙현 · 박해경, 『한가람 봄바람에』, 79면에서 간접 인용.

이고 시적인 표현을 좋아한다"고 하셨다.[31]

스크랜튼 선생님은 이화학당을 창립하여 "오랜 전통과 무지한 미신의 질곡 속에 갇혀 있던 한국 여성을 위한 교육을 처음 시작한 분으로, 여성의 사회적 각종 억압으로부터의 해방과 그들의 지위 향상을 위하여 반평생을 바친 한국 교육의 어머니"[32]로 칭송된다. 이화의 당장을 그만두신 후에도 계속 이화의 일을 도우셨고, 매향, 달성, 공옥, 매일여학교를 세우셨으며, 또 그 당시 막 설립되던 진명, 숙명, 중앙여학교 등을 도우셨고, 동대문, 상동, 애오개 병원과 교회를 도우셨으며, 그리고 수원, 여주, 이천, 천안, 홍성 등에서도 선교와 교육 활동을 하시다가 1909년 오늘 10월 8일에 소천하셨다.

77세를 일기로 별세한 스크랜튼 선생님의 장례식은 상동교회에서 거행되어 본인의 희망에 따라 한국에 묻혔는데 지금도 양화진 선교사 묘지에 잠들어 계신다.[33] 그 장례 행렬은 20리에 이르는 긴 인파로 뒤덮었는데[34] 이는 한국 여성 교육과 신앙의 어머니로서 사시다 간 스크랜튼 선생님에 대한 한국인들의 감사 표시였을 것이다. 교육과 신앙의 밝은 빛을 전하러 와서 이 나라 사람들을 위해 살다간 훌륭한 생애에 대한 경의의 행렬이었을 것이다. 힐먼(M. R. Hillman)은 "스크랜튼 부인은 모든 계층으로부터 사랑을 받았다. 장례식 날, 유해가 집을 떠나기 직전에

---

31 M. F. Scranton, *18th Annual Report of WFMS*, 1887, pp. 50-51, 『이화80년사』 54면에서 간접 인용.

32 『상동교회100년사』, 16-17면.

33 이화여대에서는 매년 5월 31일 창립 기념일을 즈음하여 학교 관계자들이 묘소를 참배한다.

34 민숙현 · 박해경, 『한가람 봄바람에』, 54면; 20리는 약 8km 정도이고 5마일로 표현한 곳도 있는데 모두 비슷한 거리이다.

구에서 나온 관리가 찾아와 부인의 관 앞에서 세 번을 절하여 마지막 경의를 표했다. 한국인들은 만약 부인이 자기 나라에 있었더라면 왕비가 되었을 것이라고 생각하고 있다. 실제로 부인은 왕비처럼 행동했다. 그들 가슴 속에 부인이 왕비처럼 자리 잡고 있다는 사실은 남녀노소 가릴 것 없이 수천 명이 모여 부인이 마지막 쉬기 위해 한강이 내려다보이는 곳으로 가는 동안 5마일 거리를 열을 지어 따라가는 광경을 통해 확인되었다"[35]라고 적고 있다.

스크랜튼 선생님은 "한국 여성이 봉건적이고 보수적인 전통 사회에서 노예처럼 취급받고 있을 때, 여성에게 처음으로 교육의 문을 열어서 그들에게 주체의식을 일깨우고 인간화의 길을 열어"[36]주셨다. 스크랜튼 선생님을 생각할 때 특별히 감동적인 것은 이화의 일만 하신 것이 아니라 이화 출신의 제자들을 파견하거나 함께 데리고 전국 여러 곳에서 여성들을 교육하셨다는 사실이다.[37] 스크랜튼 선생님의 여성 교육에 대한 적극적이고 헌신적인 열정은 이화학당에서 그치는 것이 아니라 한국 전체로 향해 있었다. 이런 사실 때문에 스크랜튼 선생님은 이화의 창립자로서뿐만 아니라 한국 여성 교육의 창시자로 추앙받는다. 노천명은 『이화70년사』에서 스크랜튼 선생님에 의해 깨우쳐진 한국 여성들은 자신들의 "가슴 속으로부터 치밀어 오르는 배우겠다는 생각들이 첫여름 숲

35 M. R. Hillman, "Mrs. M. F. Scranton", *The Korea Mission Field: A Monthly Journal of Christian Progress*, vol. 6, no. 1, Seoul: Federal Council of Evangelical Missions in Korea, 1910, pp. 11-14, 이덕주, "스크랜튼 가족의 선교", 『상동교회를 중심으로 활동한 나라와 교회를 빛낸이들』, 1988, 47면에서 재인용.

36 윤후정, "한국 여성과 미래의 이화: 1986년 이화 100주년 기념강연", 『여성의 인간화를 위하여: 윤후정 여성학평론집』, 서울: 도서출판 여성신문사, 1997, 244면.

37 정충량, 『이화80년사』, 83-86면; 『이화100년사』, 83-88면; 이덕주, "스크랜튼 가족의 선교 활동", 46-47면; 이덕주, 『선한 사마리아인』, 105-109면.

속의 산나물순처럼 올라왔다"[38]라고 적고 있다. 한 학교나 병원이 교회가 되고, 또 교회가 다른 학교나 병원을 세우고, 또 그 학교나 병원들이 다시 학교와 교회를 세우는 식으로 여성 선교와 교육 활동이 이 땅에 펼쳐졌던 것이다.

스크랜튼 선생님의 여성교육정신

스크랜튼 선생님의 교육 정신에 관해 논한다는 것은 쉬운 일이 아니다. 이에 관한 스크랜튼 선생님의 글이 많지 않기 때문이다. 그러나 이화학당이 설립될 당시의 분위기를 살펴보면 대략 그 교육 철학을 짐작할 수 있다. 1888년에 스크랜튼 선생님은 자신의 교육 이념을 다시금 "한국인을 보다 나은 한국인으로 만드는 데 있다"고 쓰셨다. "우리의 목표는 이 여아들로 하여금 우리 외국 사람들의 생활, 의복 및 환경에 맞도록 변하게 하는 데 있지 않다. 우리는 단지 한국인을 보다 나은 한국인으로 만듦으로 만족한다. 우리는 한국인이 한국적인 것에 대하여 긍지를 가지게 되기를 희망한다. 나아가서는 그리스도와 그의 교훈을 통하여 완전무결한 한국인을 만들고자 희망하는 바이다."[39] 이 전통은 로드와일러 당장에게서도 이어졌는데 그도 이화의 교육 목표를 1892년 3월에 "우리의 교육 목적은 한국 여성으로 하여금 참된 가정을 만들고 유지하는 데 조력자가 되고 우리 학교의 교사가 되며 기숙학교의 조수

---

38 노천명, 『이화70년사』, 50면.

39 M. F. Scranton, *The Gospel in All Land for 1888*, p. 373; 『이화100년사』, 78면에서 간접 인용.

가 되고 의료 사업에 있어 간호원이나 조수가 되게 하는 데 있다……. 그들은 음식을 만들고 의복을 짓고 자기 몸과 집안을 깨끗이 하는 법을 배워야 한다. 이것은 모두 한국식으로 해야 하는데 단지 그들을 동포와 유리되지 않게 하고 자기 환경에 대하여 불만을 품게 하지 않으며 학교를 떠나간 뒤에 만족시킬 수 없는 요구를 갖지 않도록 하는 정도 내에서 개량할 점은 개량하면서 한국 실정에 맞도록 가르쳐야 한다. 한국의 예의범절을 우리는 불필요한 것으로 무시하기 쉽다. 그러나 우리는 보다 나은 한국 사람을 만들려는 것이요, 외국인을 만들려는 것은 아니다"[40]라고 쓰셨다.

이화학당의 설립자 메리 F. 스크랜튼

여기서 우리는 스크랜튼 선생님이 "그리스도와 그의 교훈을 통해서 완전무결한 한국인을 만든다"고 했을 때, 어떻게 그리스도를 믿는 것이 '완전무결한 한국인'이 되는 길이라고 생각하셨는지를 생각해볼 필요가 있다. 여기서 중요한 것은 '그리스도와 그의 교훈을 통해'라고 말씀하신 것이다. 스크랜튼 선생님은 예수의 교훈을 따르지 않는 '입으로만', '이름만', 즉 '무늬만' 기독교인이 되어서도 완전무결한 한국인이 된다고 가르친 것은 아니다. 예수의 가르침에 따라 행동하는 것이야말로 완전무결한 한국인이 되는 조건이라고 보신 것이다. 예수의 교훈을 따르는 것은 창녀나 세리 같은 약자와 함께하는 것이고 만인 평등을 실

---

40 L. C. Rothweiler, "What Shall We Teach in Our Girls' School?", *The Korean Repository,* March 1892, vol. 1, no. 3, pp. 89-93.

2대 당장 루이자 로드와일러

현하는 것인데, 이는 곧 여성을 남성과 같이 평등하게 교육시키는 것에서 실현된다. 이렇게 남녀가 평등해지고 한국인이 한국적인 것에 대하여 긍지를 갖게 되는 것, 이것이 바로 완전무결한 한국인을 만드는 것이고 스크랜튼 선생님의 교육 목표라는 것이다.

이렇게 스크랜튼 선생님과 이화학당의 초기 당장들은 여성 교육이라는 이념을 나라 사랑, 즉 한국 역사와 문화를 존중하는 것과 직결시켰다. 이 둘은 '그리스도와 그의 교훈'을 실천할 때에 완성된다고 보고, 그때에만 한국인이 완전무결해진다고 본 것이다. 이는 다른 말로 하면 여성도 하나님의 피조물로서 남성과 평등한 존재이며, 교육을 받아야 하고, 남성과 함께 한국 문화와 역사를 책임질 때 한국이 완전해지고 또 하나님 나라가 건설된다고 본 것이다. 따라서 스크랜튼 선생님을 위시한 초기 선교사들에게 있어서 선교, 여성 교육, 그리고 한국 민족으로의 긍지는 서로 맞물려 있다. 이런 초기 여선교사들의 기독교적 여성 교육 이념은 매우 진취적이고 현대 여성 신학의 해방적 메시지와 흡사하다고 볼 수 있다.[41]

스크랜튼 선생님에게서 시작된 이화학당의 여성교육정신은 그 후에 대학과가 설치될 때 아주 극명하게 드러나게 되었다. 이화학당과 비슷

41 이 주제와 관련해서 이덕주의 "한국교회 초기 부흥운동과 여성", 이숙진의 "근대 한국 개신교 민족담론과 여성", 양현혜의 "근대 한국 사회의 변혁과 기독교 여성" 등의 논문이 『민족과 여성신학, 여성신학사상 제6집』, 서울: 한들출판사, 2006에 수록되어 있다.

한 교육철학을 가지고 인도에 여자 대학을 설립한 이사벨라 토번은 "어느 민족의 수준도 그들이 높이는 여성의 지위 이상으로 높이 발전하지 못한다"[42]라고 말한 적이 있다. 마찬가지로 1907년 이화학당의 4대 당장이 되신 룰루 프라이 선생님도 1910년에 중등, 초등, 고등과 이외에 과감하게 대학과를 설치하시면서 "한 국가는 그 어머니들의 수준을 앞지를 수 없다"라고 분명하게 천명하셨다.[43] 그 당시 많은 사람들은 "초등과 고등과를 다닐 기회도 없는 여성들이 아직 얼마나 많은데 대학과를 설치하는 것은 무리다" 혹은 "여자를 대학까지 공부시켜 대체 무얼 하자는 건가"라면서 비판을 했다.[44] 그러나 프라이 선생님은 "한국 여성을 깨우치려면 먼저 한국 여성 중에서 지도자가 나와야 한다. 고등교육을 받은 여성들이 많이 나오면 나올수록 지금 배우지 못하고 깨우치지 못한 여성들에게는 더 빠른 배움의 기회를 주게 된다"[45]라고 답변하셨다. 이렇게 스

4대 당장 룰루 프라이

42 M. C. Singh, *Gender, Religion, and Heathen Lands: American Missionary Women in South Asia (1860s-1940s)*, New York & London: Garland Publishing, 2000, p. 249.

43 L. Frey, "Higher Education for Women in Korea", *The Korea Mission Field* (July 1910), pp. 178-181; 정충량, 『이화80년사』, 93면.

44 김활란, 『그 빛속의 작은 생명』, 서울: 여원사, 1965, 60-62면 참조.

45 L. Frey, "Higher Education for Korean Girls", *The Korea Mission Field: A Monthly Journal of Christian Progress,* vol. 10, no. 10, 1914, pp. 307-309; 이에 대해 강선미, 『조선파견 여선교사와 (기독)여성의 여성주의 의식형성』, 이화여대 박사학위논문, 2002, 138면.

크랜튼 선생님은 물론 프라이 당장에 이르기까지 이화학당의 초기 당장들은 한국 여성의 교육이 한국 여성에 의해서 이루어져야 하며 또 한국 여성은 가르칠 능력이 있다고 보신 것이다. 이들은 한국 남성들이 아무리 개방적이고 능력이 뛰어나다 해도 그 부인들이 개화되고 같은 개방성과 능력을 지니지 않으면 한국의 발전은 없다고 판단했다.[46] 그리고 학교나 병원의 일을 한국 여성들이 맡아 운영하게 되기를 바랐다. 그러므로 이화학당의 스크랜튼 선생님과 프라이 선생님을 위시한 초기 여선교사들의 활동을 기독교적 제국주의, 혹은 제국주의적 기독교 선교였다고 폄하하는 것은 매우 잘못된 것이다.[47] 이는 민족 부흥을 위한 여성 교육의 실천을 제대로 파악하지 못한 결과라고 생각된다.

이런 의미에서 1910년의 대학과 설치는 1909년에 돌아가신 스크랜튼 선생님의 이화학당 창립정신을 잇는 제2의 창립이라고 생각된다.[48] 1886년에 시작된 여성 교육은 25년 만에 여성 고등교육을 위한 대학과[49]가 설치된 셈인데, 이는 1630년경에 시작된 미국의 여성 교육이 200년이 지나서 1836년에 고등교육의 기회가 열린 역사와 비교해볼 때 거

46 L. Frey, "Higher Education for Korean Girls", 1914, p. 180; 이에 대해 강선미, 『조선파견 여선교사』, 138면.

47 N. Chaudhuri and M. Strobel(eds.), *Western Women and Imperialism: Complicity and Resistance*, Bloomington and Indianapolis: Indiana University Press, 1992.

48 이런 의미에서 이화여대 본관 입구 정면 벽에는 스크랜튼 선생님 얼굴과 프라이 선생님 얼굴이 나란히 걸려 있다. 이화여대 창립 90주년을 맞이하여 김옥길 선생님이 미국 오하이오 근방에 있는 프라이 선생님의 묘지를 방문했는데 조카 분이 지키고 계셨다고 한다. 김옥길, "이화의 기독교 정신", 『내 잔이 넘치나이다』, 서울: 이화여자대학교출판부, 1994, 148면.

49 이때 대학과를 지금의 대학교 체제로 생각하기는 어려울 것이다. 그 당시에는 한국 전체에 아직 전문학교 제도도 없었다. 그러나 프라이 선생님은 중등과 이외에 초등과, 고등과를 설립해서 가르치시다가 이보다 높은 수준의 대학과를 설립하시고 교육 지도자들을 길러내시려고 노력했다.

의 기적에 가까운 속도이다.[50] 이화에서 교육받은 박에스터, 하란사 같은 외국 유학 졸업생이 사회에 공헌한 점이나, 황(여)메레 같은 졸업생은 엄비를 도와 진명학교 설립에 공을 남기고 진명여고 감독관이셨던 스크랜튼 선생님과 함께 진명학교 학감을 지냈다는 사실을 보면, 이런 초기 이화 당장들의 판단이 얼마나 현명했는지 잘 알 수 있다.[51]

그럼에도 불구하고 스크랜튼 선생님의 학교 건립을 미국식 제국주의적 선교의 일환으로 보고 여학생 교육을 선교의 방편으로 사용한 것이라고 비판한 글들이 있다.[52] 손인수의 『한국여성교육사』[53]와 박용옥의 『한국근대여성사』[54] 같은 민족주의적 연구들은 서구의 영향력을 배제하는 민족주의적 교육을 강조하면서 여성 선교사들의 역할을 크게 폄하한다. 가령 유길준이 1895년에 "여자를 가르치지 않는 나라는 인구가 1000만이라고 해도 실상 500만에 불과하다"[55]라고 하면서 여성 교육을 지지한 점 등을 예로 들면서 선교사들이 아니었어도 한국에는 정부나 사회적 분위기로 여성 교육이 시작되었을 것이라는 주장을 하기도 한다. 또 박용옥은 명성황후의 여성 교육에 관한 관심을 강조하기도 했

50 B. M. Solomon, *In the Company of Educated Women: A History of Women and Higher Education in America*, New Haven: Yale University Press, 1985; 강선미, 『조선파견 여선교사』 32면에서 재인용.

51 주 35 참조; 정충량, 『이화80년사』, 83-86면; 『이화100년사』, 83-88면; 이덕주, "스크랜튼 가족의 선교", 46면.

52 H. Seo, "Christianity, the Korean Women's Movement and the Issue of Education", *Ewha Journal of Feminist Theology*, vol. 2, Seoul: Ewha Institute for Women's Theological Studies, 1997, pp. 51-97.

53 손인수, 『한국여성교육사』, 서울: 연세대학교출판부, 1977.

54 박용옥, 『한국근대여성사』, 서울: 정음사, 1975, 52-53면; 비교 박용옥, "기독교의 수용과 여성근대화", 『한국 여성 근대화의 역사적 맥락』, 서울: 지식산업사, 2001, 247-295면.

55 유길준, 『서유견문』, 1895; 『이화100년사』, 1994, 30면에서 재인용.

다.[56] 그러나 이만렬,[57] 서광선[58] 같은 학자들은 여선교사들의 교육적 공헌을 강조하면서 이들의 선교적 사명을 "여성 해방을 위한 여성으로서의 사명감"[59]으로 해석한다. 여선교사들이 잠재적 여성주의 의식을 가지고 있었고[60] 이 점이 한국 여성 교육에 큰 역할을 했다는 것이다. 스크랜튼 선생님을 비롯한 이화학당의 초기 여선교사들은 여성의식이 투철했던 선교사들이며 한국 여성들을 사회적 각종 억압으로부터 해방시켜 인간화시키신 분들이라고 평가해야 옳다는 것이다.

한국에 여성 교육이 시작되고 여성의식을 고취시킨 공헌은 이를 지원한 고종 황제나 명성황후 등 한국 왕실에 있었다고 볼 수도 있고 또 유길준, 박영효, 서재필 같은 진보적 남성들에게 있다고 볼 수도 있을 것이다. 그러나 필자의 견해로는 일차적 공헌은 실제로 교육 현장에서 여성의식을 고취시킨 스크랜튼, 로드와일러, 페인, 프라이 선생님들과 같은 초기 여선교사들에게 돌려져야 한다.[61] 물론 미국 여성 선교사들이

56 박용옥, 『한국근대여성사』, 52면.

57 이만렬, "기독교 전래에 따른 한국사회의 개화", 『한국기독교와 역사의식』, 서울: 지식산업사, 1993, 39-47면;___, "기독교 수용의 형태와 전통사회와의 갈등", 『19세기에 있어서 외래사상과 전통의 갈등』: 제4차 한일 합동학술회의, 서울: 한일문화교류기금재단, 1990.

58 서광선, "한국 여성과 종교", 『한국 여성사 개화기-1945』 제2권, 서울: 이화여자대학교 출판부, 1972, 501-503면.

59 서광선, "한국 여성과 종교", 507-509면.

60 여성주의적 인식이란 러너 정의에 의하면 다음과 같은 인식 요소들로 구성된다. 1) 여성은 하나의 종속 집단에 속해 있다. 2) 여성들은 집단으로서 부당한 대접을 받아왔다. 3) 여성 종속의 조건은 자연적인 것이 아니라 사회적으로 결정된 것이다. 4) 이러한 부당함을 치유하기 위해서는 다른 여성들과 힘을 결합해야 한다. 5) 남성뿐만 아니라 여성들도 자율성과 자기결정권을 향유할 수 있는 사회 조직에 대한 대안적 비전을 마련해야 하며 그럴 수 있다. G. Lerner, *The Creation of Feminist Consciousness: From the Middlle Ages to Eighteen-seventy*, New York and Oxford: Oxford University Press, 1993, p. 14. 강선미, 『조선파견 여선교사』, 28면에서 재인용.

비판받을 점도 있을 것이다. 어떤 이들은 여선교사들이 해외 선교지에서 거둔 기대 이상의 성취감에 의해 미국이 갖는 가부장적 위계질서를 문제 삼지 않은 것을 비판한다.[62] 또 그 당시 미국의 해외선교 사업이 미국의 문화적 제국주의와 맞물려 진행되었다고 보기도 한다. 그러나 스크랜튼 선생님이나 프라이 선생님의 관심이 한국에 집중되고 미국 사회 비판에 있지 않았다고 해서 이 분들이 한국 여성의 교육에 끼친 공헌이 가려질 수는 없다. 아마도 미국 여선교사들은 자신들이 전문직 고등교육의 수혜자였기 때문에 아시아에서도 전문직 여성을 길러내기 원한 것 같다. 이러한 정신은 스크랜튼 선생님을 통해 또 그밖에 로드와일러, 페인, 프라이 선생님들을 통해 아펜젤러 선생님과 김활란 선생님에 이르기까지 계승되었다. 노천명은 미국 여선교사들이 "한 손에는 책을 들고 다른 한 손에는 성서를 들고 한국에 와서"[63] 학교와 함께 교회를 세웠다고 쓰고 있다. 그런데 한국 여성들은 남미나 다른 아시아 국가에서처럼 성서만을 갖게 된 것이 아니라 책을 소유하게 되었고 이로써 개화, 생활향상, 위생법, 조혼 폐지, 미신 타파, 그리고 여성 해방이라는 소득을 갖게 되었다.[64] 이는 여선교사들이 여성의식을 가지고 한국 여성을 올바로 교육했기 때문이다.

1891년 스크랜튼 선생님은 안식년으로 한국을 떠나게 되자 본인보다

---

61 강선미, 『조선파견 여선교사』, 33면. 이화학당에는 1930년 이후 WFMS 이외에 다른 선교 기관들도 가세하여 43명의 선교사와 32명의 선교사 강사가 파송되어 교육과 선교에 헌신했다.

62 이 문제에 대해 강선미, 『조선파견 여선교사』, 40-41면 참조.

63 노천명, 『이화70년사』, 18면.

64 이만렬, "기독교 전래에 따른 한국사회의 개화", 26-47면; 노천명, 『이화70년사』, 18-19면.

교육에 적임자인 로드와일러 선생님께 당장직을 물려주고 물러나셨다. 다시 한국에 돌아오신 후에도 당장직은 맡지 않고 전도 사업에 전념하시는 한편, 학교 안에 주일학교를 세워 이를 통해 학당 일을 계속 도우셨다. 오늘날의 후원회장 역할로 돌보시지 않았나 판단된다. '스크랜튼 노부인'의 이름으로 학생을 모집하는 광고가 1907년 제국신문에 여러 번 실려 있는 점, 또 1906년에 스크랜튼 선생님이 진명학교를 맡아 감독해주고 또 영어를 가르쳤다는 기록이 있는 것[65]으로 보아 선생님의 여성 교육에 대한 열정은 이화학당에 국한된 것이 아님을 알 수 있다.

여기서 스크랜튼 선생님의 교육 정신을 요약해보자면 다음과 같다.

기독교 정신: 기독교 선교 사명을 가졌고, 어려울 때일수록 하나님에 대한 무한한 신뢰를 가졌던 깊은 신앙의 소유자였다. 결과적으로 한국 같은 미지의 세계에 대해서도 두려움 없이 도전할 수 있었다. 이미 국제화된 분이었다고 말할 수도 있다. 그리고 '그리스도'를 믿는 것을 '그리스도의 교훈'을 실천하는 것으로 보았고, 많은 친지로부터 후원금을 얻어 한국에 학교와 병원, 교회를 세웠다.

여성 교육: 여성 교육을 통한 여성 해방을 추구했고 이를 여성 선교와 일치시켰다. 지식을 통한 해방 정신을 믿었고, 여성도 교육과 선교의 지도자가 될 수 있음을 확신하면서 능력 있는 후배들을 적극적으로 지원했고, 전문성을 인정하여 이화를 교육 전문가 후배에게 일찍 넘겨주었다. 이화 출신의 제자들을 데리고 다른 학교나 지역에서도 여성 교육의 씨를 계속 파종하셨다.

---

65 M. F. Scranton, "Sang Dong and Southern Districts", Korea Women's Conference, 1907, p. 6; 『이화80년사』, 84면; 『이화100년사』, 83-84면.

한국 사랑: 한국인과 한국 문화에 대한 존경과 사랑을 가지고 있었고 한국 여성들이 한국인임을 자랑스럽게 여기기를 바랐다. 그래서 내외법이 심할 때에도 이에 맞추어 교육할 수 있는 방법을 고안해내시면서 한국 문화와의 충돌을 피했다. 한국 사회 안에 여성 교육이 정착할 수 있도록 다각도로 노력하셨고, 여성이 한국 사회의 일원으로 참여하기를 적극 권장했다.

헌신과 봉사: 병자나 가난한 자에 대한 사랑을 가지고 병원과 교회를 창설하고 운영했으며. 인간평등정신을 바탕으로, 경계를 넘는 자유 속에 힘닿는 대로 진명, 달성, 애오개 매일학교, 동대문여학교 등 도움이 필요한 곳에는 언제든 달려가서 헌신적 봉사를 했다.

사실 스크랜튼 선생님에게서 위의 정신은 모두 기독교 정신 하나로 합류된다. 기독교 정신의 구현이 각각 여성 교육, 한국 사랑, 사회봉사의 세 방면에서 구체적으로 나타난 것이다. 이러한 스크랜튼 선생님의 정신은 아직까지 이화 전통 속에 그대로 녹아 있다고 판단된다. 스크랜튼 선생님은 1909년에 돌아가셨기 때문에 일제에 항거하는 독립 운동과는 직접 연결되지 않는다. 그러나 한국인으로서의 긍지를 가지라는 선생님의 가르침, 그리고 남자와 함께 국가와 사회를 위해 책임지고 공헌하라는 여성교육정신은 그 이후 벌어진 이화의 항일 운동의 기초가 된 것으로 보인다.[66] 여성 교육과 함께 개화의 물결이 반봉건, 자주정신

---

66 한국의 기독교는 일본의 식민지라는 상황에서 도입되었고 일본 치하에서 기독교 탄압과 학원 탄압이 가해지면서 기독교는 민족 해방을 위한 주체적 민족 문화의 발전에 기여했다. 이 점이 한국 기독교의 커다란 특징이다; 이만렬, 『한국기독교와 역사의식』, 101-190, 278-353면; 이에 대해, 이숙진, "근대 한국개신교 민족담론과 여성", 171-200면. 이숙진은 민족 담론이 가부장적으로 전개된 측면을 지적한다.

을 고취하게 되었고, 곧 항일 운동으로 전개된 것이다.

스크랜튼 선생님의 정신을 계승한 이화의 여성교육정신

이러한 스크랜튼 선생님과 초기의 이화학당의 당장들의 교육 이념을 이화여대는 어떻게 계승하고 발전시켜 왔는가를 검토해야 할 시점이다. 한국인으로서 최초의 당장을 지내신 김활란 선생님에 대해서는 우리는 비교적 많이 알고 있는 편이다. 김활란 선생님을 생전에 모시고 일을 했던 분들이 여러 가지 증언이나 책으로 우리에게 김활란 선생님에 대해 말씀해주셨기 때문이다. 그런데 김활란 선생님의 사상과 활동을 정리해 놓은 것을 보면 그분의 교육철학이 놀랄 정도로 스크랜튼 선생님의 교육 이념과 흡사함을 알 수 있다.[67] 물론 시대 상황에 따라 규모와 강조점이 크게 다르지만 말이다. 두 분에게서는 다음과 같은 공통점을 확인할 수 있다. 첫째, 기독교 정신에 입각해서 적극적으로 선교를 펼쳤고, 매우 용감하고 개혁적이고, 국제화 정신을 가지고 이를 몸소 실현했고, 둘째, 여성에게 가정과 사회의 어머니로서 사회 활동을 기대하고, 또 민족적 여성 지도자의 역할을 강조하셨고, 국제화 시대의 여성의 역할도 준비하셨으며, 셋째, 나라와 민족을 사랑하고, 한국 문화를 소중하게 여겼

67 1999년 5월 26-27일 있었던 김활란 선생님 탄생 100주년 기념학술대회에서 주제강연을 맡은 신옥희 선생님은 김활란의 사상과 활동을 첫째로 남녀평등 추구, 둘째로 기독교 신앙에 대한 절대적 헌신, 셋째로 한국 문화의 근대화와 여성 문화의 발전을 위한 관심과 기여, 넷째로 국제적인 활동을 통한 평화 실현으로 나누어 고찰하고 있다: 신옥희, "변화하는 세계와 여성고등교육", 『김활란 박사 탄생 100주년 기념학술대회 자료집』, 서울: 이화여자대학교 한국여성연구원, 1999, 2면 참조.

고, 넷째, 농촌 봉사, 의료 봉사 등 사회적 약자에 대한 헌신과 봉사가 많았다.

필자가 보기에 이 정신들은 김활란 총장 이후에도 역대 총장에 의해 꾸준히 계승되면서 발전되어 왔다. 시대적 상황에 따라 또 각 지도자에 따라 차이가 있기는 하지만 기본 정신은 변하지 않았다. 이를 역사적으로 간단히 살펴보면 다음과 같이 정리될 수 있을 것이다.

기독교 정신

이화여대는 기독교 정신을 언제나 소중히 간직하고 발전시켜 왔다. 이 사실은 지금까지 모든 행사가 예배로 시작되고, 〈기독교와 세계〉 과목이 전 학생이 반드시 이수해야 하는 교양필수과목으로 지정되어 있고, 또 채플이 4년간 의무적인 것을 보면 아주 분명하다. 현재 채플은 학생들이 가장 좋아하는 과목으로 평가받고 있어, 다른 기독교 대학들의 부러움을 사고 있다. 교양필수과목인 〈기독교와 세계〉 과목[68]과 채플은 언제나 시대에 맞게 학생들이 적극적으로 참여할 수 있도록 그 내용과 형식을 바꾸어가면서 운영하고 있다. 이를 통해 '빛과 소금', '정의와 평화', '섬김과 나눔'의 정신을 학생들에게 심어주려고 노력한다. 또 대학교회는 초교파 교회로서 목회의 모범이 되고 있다. 이밖에 봄철에는 교수와 직원 전체가 함께 부활절 예배를 드리고, 매년 12월 첫째 목요일에는 이화 동창들까지 포함된 이화가족이 함께 모여 이화가족 성탄예배를 드린다. 이때 음악대학의 찬양과 조형예술대학의 크리스마스

---

68 예전에는 〈기독교 문학〉이라는 과목이었다.

장식은 이화가족 모두에게 큰 기쁨을 주고 있다.

초기에 교회가 할 일까지도 학교가 맡아서 수행했던 점은 1970년대 이후 상당히 많이 정리되었다. 대학 본연의 학문적 연구에 집중하면서, 교회 설립, 전도 방문, 파키스탄 등 아시아 지역의 선교사 파송 같은 일은 교회나 선교 단체에 맡기게 된 것이다.[69] 그 대신 이화여대는 기독교학과를 중심으로 신학을 학문적으로 새롭게 논했다. 1970-80년대 시대적 상황에 따라 산업선교, 민중신학, 여성신학의 산실이 된 점도 중요하다. 1985년 창립 100주년을 기념하여 선교 백주년 여성대회를 갖고 여성과 교회의 문제를 다루었고, 1993년에는 여성신학연구소를 설립했고, 1998년에는 신학대학원을 설립하여 21세기 여성 시대에 어울리는 여성 목회자는 물론 다양한 형태의 교회 여성 지도자들을 키워내고 있다. 그러나 학교 밖에 있는 교회의 갈등 때문에 신학대학원과 교계의 연결은 아직 미미한 상태이다. 이화여대는 시대의 요청에 맞추어 기독교 정신을 실천하고 학문적 깊이를 더하기 위해 끊임없이 노력하고 있다.

여성교육정신

여성교육정신이야말로 이화여대의 근간이다. 여성의 능력이 남성에 뒤지지 않는다는 것, 그리고 여성의 교육과 능력 개발이 나라 발전에 도움이 되고 하나님 나라 건설에 보탬이 된다는 것이 이화여대의 기본 정신이기 때문이다. 온갖 반대에도 불구하고 1910년에 이미 대학과를 설립하고, 1924년에는 여성전문대학으로, 그리고 한국 최초로 1946년에

69 김활란 선생님이 시작하신 다락방전도협회는 계속 운영되었고 전도 정신을 이어나갔다.

종합대학교로 설립 인가를 받았다는 점은 바로 여성의 전문가로서의 자질과 능력을 일찍이 파악했다는 사실을 잘 보여준다. 여성 능력에 미리 한계를 정하지 않는 것이 이화의 정신이다. 따라서 모든 면에서 학문적 수월성을 강조하고, 이화여대가 한국뿐만 아니라 세계 최고의 대학이 될 수 있다는 것이 이화인들의 생각이다. 이 정신은 1950년대에 의과대학과 이과대학 등 소위 남성 전문 분야라고 평가되던 분야에 과감히 단과대학을 설치하고, 대학원을 설립하여 석박사 과정을 도입한 점에서, 또 1990년대에는 세계 최초로 여자대학교에 공과대학을 신설하고, 자연대학과 공과대학에 과감히 투자를 하여 연구비 수주를 획기적으로 높인 점에서 잘 드러난다.

이런 이화여대의 여성 정신은 다른 한편으로는 1977년 한국여성연구원이 설립되고, 여성학 강의가 시작되고, 또 1982년에는 대학원에 여성학과가 설치되면서 이론적으로 또 학문적으로 심도 있게 체계화되고 있다. 그리고 1995년에는 아시아여성학센터도 설립되어 다른 아시아 국가에서도 여성의 능력이 개발되도록 돕고 있다. 이화여대는 대학별 평가에서 늘 최우수대학으로 평가받고 있고, 또 최근에는 각 분야에서 연구비 수주가 늘어나고, 특히 국제화 부문에서 괄목할 만한 성장을 보이고 있다. 이화는 여자대학교로서의 특징을 살려 더 많은 학문적 성과를 얻고자 시대 변화에 맞는 새로운 학문 분야를 부단히 개발하는 중이다. 지금은 15개의 대학원이 설립되어 여성 전문인이 양성되고 있는데, 점점 더 늘어나는 전문대학원의 숫자는 이화여대가 서서히 대학원 중심 체제로 전환되고 있음을 보여준다.

한국 사랑

스크랜튼 선생님에 의해 깨어나기 시작한 이화인들은 나라와 국가에 대한 소중함을 인식하게 되었고 일제하에는 민족 운동이 일어나 항일 운동에 몰두하게 되었다. 개화는 반봉건 운동으로 연결되고, 이는 곧 자주를 위한 운동이 되었으며, 이것이 곧 항일 운동이 된 것이다.[70] 일단 개화가 된 여성들은 국가와 사회의 어머니로서의 역할을 인식하게 되었고 이를 위한 준비와 교육에 힘을 쏟았다.[71] 한편 김활란 선생님부터 시작된 한국 문화재에 대한 관심은 이화여대의 100주년기념박물관에서 잘 드러난다. 100주년기념박물관은 한국의 전통적 문화재급 보물을 다량 보유하고 있어 외국인 학생은 물론 우리 학생들이 우리 문화에 대해 긍지를 갖게 하는 장소이다. 조형예술대학에 동양학과를 설치한 것, 음악대학에 한국음악과를 세운 것, 그리고 한국학과의 설립도 모두 같은 한국 문화에 대한 사랑에서 비롯되었다. 뿐만 아니라 6 · 25 동란 동안 그리고 그 이후에 한국 문화를 외국에 알리기 위해 외국 사절들의 접대에 힘을 기울인 것[72]도 당시로서는 이화여대가 할 수 있는 애국의 한 방법이었다.

1970년대에는 시대적 상황에 따라 독재정권과 맞서는 한일 수교 반대, 부정부패 척결, 외제 사용 금지, 강요된 학생운동 반대 투쟁을 했고, 그리고 1980년대에는 민주화 운동에도 참여하여 교수가 퇴직을 강요받

---

70 이만렬, "기독교 전래에 따른 한국사회의 개화", 42면.

71 또 이화인들은 일제의 강요에 의해 선교사들이 모두 떠난 이화학당에 주태경 여사와 손창식 씨의 도움으로 1943년 재단 설립에 성공함으로써 더욱 나라와 민족의 사랑을 키워갈 수 있었다. 정충량, 『이화80년사』, 264-271면; 『이화100년사』, 270-275면.

72 민숙현 · 박해경, 『한가람 봄바람에』, 408-413면.

는 등 여러 가지 어려움을 함께 겪었다. 이것들은 모두 한국 사회의 민주화를 위한 힘겨운 노력의 결과였다. 그밖에 1998년에 남북 평화통일을 위해 북한학과 협동과정과 북한학연구소를 개설하고, 2009년에는 평화학연구소를 세웠다. 이렇게 조국이 어려움에 처했을 때마다 이화인들은 나라를 아끼고 사랑했으며 맡겨진 사명을 다하려고 노력하고 있다. 21세기 세계화 시대를 맞이하여 우리가 어떻게 한국 사랑을 펼쳐갈 수 있을까 하는 것이 이화의 고민이다.

사회봉사 정신

버려진 어린아이를 데려다 먹이고 입히고 가르치는 것으로 시작된 이화는 언제나 사회봉사에 적극적이었다. 농촌 봉사, 의료 봉사, 간호사 양성 등은 말할 것도 없고 병원 설립도 모두 아프고 힘없는 사람들을 보살피는 봉사 정신의 표현이었다. 사회복지학과와 특수교육학과 설치, 또 장애학생을 위한 시설 등은 모두 이런 맥락에서 이해되어야 할 것이다. 평생교육원 설립은 교육의 기회를 나이를 초월하여 모두에게 골고루 주려고 한 시대를 앞서는 나눔의 정신에서 나왔다고 볼 수 있고, 또 2000년대 이후 아시아 · 아프리카 학생들에게 EGPP 특별장학금을 주는 것은 이화가 19세기 말에 미국 선교사들에게 받은 은혜를 갚고자 하는 정신에서 나왔다. "이화가 어둡던 시대에 소외받았던 사람들의 아픔에 동참하고 그것을 헤쳐 나아가기 위해서 세워졌던 기관"[73]임을 잊지

---

73 정의숙, "이화의 창조적 내일을 위하여"(총장취임사), 『여성에서 인간으로 그리고 전문인으로: 정의숙 신앙과 헌신의 자취』, 서울: 이화여자대학교출판부, 1999, 51면; 『이화 100년사』, 416면.

않고, 이제 이화가 빚을 갚을 때라고 인식하고 있는 것이다. 사회복지대학원을 중심으로 사회봉사 전문인을 키워감은 물론, 사회복지센터를 운영하면서 다문화 가정의 문제 등을 돕는 일을 해오고 있다.

이렇게 보면 이화여대의 역사는 시대마다 또 지도자에 따라 주안점의 차이는 있지만, 기독교 정신을 바탕으로, 여성의 학문적 우수성을 추구함은 물론, 늘 민족의 역사 그리고 세계 평화에 공헌하는 여성의 창조적 능력을 강조했고, 또 언제나 나누고 봉사하는 정신을 실천해왔다. 특히 선구자로서의 개혁의 고통을 지혜와 화합 정신으로 이겨내면서 이화여대는 도약해왔다. 바로 이런 도전의 역사가 모두 스크랜튼 선생님의 정신과 맞닿아 있는 것이다.

이화가 추구하는 미래 여성상

그러면 21세기에 123주년이 된 이화가 스크랜튼 선생님 서거 100주기를 맞이하여 선생님께 감사하고 또 그 업적을 새롭게 조명하면서 앞으로 추구해나갈 이화의 여성상은 어떠해야 할까? 이화가 추구해야 하는 여성상은 이화 역사상 두 번 분명히 제시되었다. 1960년대에는 '슈퍼우먼' 상이 제시되었고, 그 후 1980년대에 '통합여성' 상이 제시되었다. 이제 이 두 여성상을 고찰하면서 21세기 현재 우리가 추구할 여성상을 생각해보기로 하겠다.

처음 이화가 추구해야 할 여성상을 제시한 것은 김활란 선생님이었다. 김활란 선생님은 이화 80년을 맞이하여 이화가 추구해야 할 여성상을

'슈퍼우먼(Super-woman)'으로 칭하셨다. '슈퍼우먼'상은 한국 사회의 1960년대 상황에서 가정과 직업을 양립하는 여성의 역할과 관련되어 제시된 여성상이었다. 여성의 영역이 가정에만 국한된 것이 아니며 사회생활도 하면서 큰 능력을 발휘하자는 취지였던 것이다. 1960년대에는 불가능해 보였던 '슈퍼우먼'상은 오늘날의 입장에서 보면 거의 다 실현된 것으로 보인다. 우리 졸업생들의 대부분이 직업과 가정을 양자택일이 아니라 당연히 양립한다고 믿기 때문이다. 졸업생 중에 95% 이상이 직업을 갖기를 희망하는 것으로 나타나는 것을 보면 더욱 그렇다. 1960년대, 여자는 모두 훌륭한 가정의 어머니가 되어야 된다고 생각하고 있을 때 김활란 선생님은 앞날을 내다보고 여성이 사회적 활동을 해야 할 것을 주창하신 것이다. 앞날을 정확히 예측하셨다고 판단된다.

두 번째로 이화의 여성상을 제시하신 것은 윤후정 선생님이다. 윤후정 선생님은 1986년 100주년 기념강연에서 '통합여성(Integrated woman)'이라는 여성상을 제시하셨다. '통합여성'상은 남녀가 역할과 책임을 같이 갖는다는, 이원론을 극복하는 창조적 여성상을 제시하고 있다. 윤후정 선생님은 "통합여성이라 함은 첫째는 의식과 가치에서 남녀의 구분이 없고, 둘째는 능력과 기능에서 남성과 여성의 영역을 나눔 없이 대등한 관계임을 보여주며, 셋째는 남녀 사이에서 동반자적인 협동과 보완 관계를 이어감으로써 서로의 인격적인 성장을 지원하며, 넷째는 가정과 직장 그리고 사회를 유기적으로 연관시켜 사회활동 전반에서 남녀를 구분 짓지 않음으로써, 결국 여성도 정치와 역사에 능동적으로 참여하고 책임 있는 역할을 수행하는 인간 본래의 모습을 온전히 지닌 여성을 의미한다"[74]고 말한다. 다시 말하자면 통합여성은 가정, 직장, 사회생활에서 두루 연대성을 지니고 생활하고, 남성과 직업에서는 온전한 동업자 관계이며, 의식에서는 동지라는 것이다. 이 통합여성론은 제시된 지 23년이 지나서 그 내용은 오늘날 상당히 많이 실현되었다.[75] 현재 대학원에 다니고 있는 학생들은 결혼하고 공부하는 두 가지 직업을 가지고 있었던 1980년대와는 달리 거의 모두 세 가지 직업을 가지고 있다. 즉 결혼해서 아이를 낳고 기르면서, 직장에서 돈을 벌면서, 또 앞날을 대비해서 대학원을 다니는 것이다. 요즘 젊은 여성들은 남녀평등 의식이 있느냐 없느냐를 따지는 것조차 무의미하게 생각하고 자기능력을 발휘하면서 열심히 살고 있는 것이다. 1986년 당시에는 불가능하게 보였던 통합여성상이 20년이 지난 오늘날 분명한 대세가 된 것이다.

물론 통합여성의 실현이 완전히 이루어졌다고 보기는 힘들다. 그렇다고 해도 이제 우리는 새로운 여성상을 제시할 때가 온 것 같다. 오늘날 우리의 상황이 너무나 많이 달라졌고 또 지금 지구촌의 문제들이 너무 심각하기 때문이다. 인터넷의 보급으로 지구 전체가 하나의 전산망으로 연결되어 있는 국제화 시대가 되었고, 영어 이외의 다른 언어들은 모두 지방 언어가 되었고, 모든 지식은 컴퓨터에 수록되어 있고, 인간은 인간과 사는 것이 아니라 기계와 살아가게 되었다. 또 젊은 세대들이 출산을 거부해서 생기는 저출산 문제[76]와 급증하는 노인 문제도 심각하다. 동식물 복제는 물론 인간 복제의 문제도 논의되고 있고, 환경 파괴로 인한

---

74 윤후정, "한국 여성과 미래의 이화", 230-233면.

75 국회의원 선거에서 여성 국회위원의 숫자가 늘어서 2000년에 5.9%였다가 2004년에 13%에 육박하게 되고 최초의 여성 국무총리도 배출된 것으로 보면 상당히 목표에 접근한 내용이라고 보여지는 것이다. 그러나 여성 국회위원은 2008년에 다시 7%로 내려가서 매우 실망스럽다. 공무원 중에 여성은 2000년에 31,5%였다가 2005년에는 34%가 되었다. 곧 50%가 될 모양이다. 그런데 여성은 대부분 8급이나 9급 공무원이고 5급 이상은 2000년에 겨우 1.8%였다가 2005년에 8.1%가 된 실정이다.

생태계의 이변은 지구 전체의 존립을 위협하고 있다. 이제 우리는 개인의 문제, 사회의 문제를 떠나, 우리 관심의 지평을 생명체 자체 그리고 지구나 우주 전체로 넓히지 않으면 안 되게 되었다. 이런 시대에 요청되는 여성상은 어떤 것일까?

너무도 급속하게 변화하는 세상 속에서 이제는 우리 생각의 틀을 완전히 바꾸어야 한다. 우리나라가 아니라 지구 전체를 생각해야 하고, 여성과 남성이 아니고 인류 전체를 생각해야 하며, 인간만이 아니라 생명을 가진 모든 존재를 사랑하는 우주적 사고의 틀을 가져야 한다. 따라서 미래의 여성상은 이제까지의 사고의 패러다임을 총체적으로 바꾸는 새로운 문화의 창조자상이어야 할 것이다. 슈퍼우먼이 여성 개인의 문제를 다루었다면, 통합여성은 여성의 사회적 문제를 다루었다고 판단된다. 이제 미래의 여성은 이를 넘어서서 지구와 그리고 전 우주를 치유하고 살리는 개혁적인 여성상이어야 할 것이다. 이를 한마디로 표현하기는 너무 어렵다. 그러나 이화여대에서 추구하는 미래 여성상은 사회와 지구와 우주를 함께 생각하는 커다란 사고의 틀을 가진 여성상이어야 함은 분명하다.

마치는 말

지금까지 올해로 돌아가신 지 100주기를 맞은 스크랜튼 선생님의 선

76 독일의 통계를 보면 연령이 낮은 세대일수록 무자녀 인구가 늘고 있다. 동 · 서독의 차이는 있지만 대체로 60대 이상은 10% 정도가 무자녀였다면, 40대는 15% 정도이고, 30대는 35% 정도이고, 20대는 70-80%로 상승하고 있다.

교 및 여성교육정신에 대해 살펴보고 이를 시대적으로 점점 더 구체화하고 발전시켜 온 이화여대의 역사를 살펴보았다. 어두운 이 땅에 밝은 빛을 선사하신 스크랜튼 선생님의 정신은 한마디로 기독 정신으로, 여성의 능력을 믿고 여성을 갖가지 억압으로부터 해방시킨 것이며, 민족 사랑을 가르친 것이고, 또 봉사와 헌신의 정신을 실천한 것이었다. 이는 모두 하나님에 대한 철저한 신앙에서 기인했는데, 스크랜튼 선생님은 자신이 이룬 업적에 집착하지 않고 늘 적극적이고 자유한 정신을 가지고 앞으로 나아가셨다. 이제 스크랜튼 선생님의 서거 100주기를 맞이하여 이화인들은 선생님의 정신을 계승하고 발전시켜, 큰 사고의 틀로 전 지구적 차원의 새 문화를 창조하는 여성이 되어야 할 시점에 서 있다. 이화여대가 여태까지 훌륭한 지도자를 많이 배출했던 것처럼 미래에도 스크랜튼 선생님을 닮은 훌륭한 지도자를 많이 배출하여 어둠에 처해 있는 이 지구에 밝은 빛을 선사하기를 희망한다. 스크랜튼 선생님의 정신이 지구 전체를 보살피고-나누고-봉사하는(caring-sharing-serving) 것으로 확장되기를 기원해본다.

메리 F. 스크랜튼의 선교 사역

이덕주

출생과 선교 지원

선교사들로부터는 '어머니(mother)', 한국 교인과 일반인들로부터는 '대부인(the great lady)' 칭호를 들으며 존경과 칭송을 한 몸에 받았던 메리 플레처 스크랜튼(Mary Fletcher Scranton)은 1832년 12월 9일, 미국 매사추세츠 주 벨처타운(Belchertown) 목사관에서 출생했다. 아버지(Erastus Benton)는 물론이고, 오빠(Josiah T. Benton)와 조카(Stephen Olin Benton)도 모두 미감리회 뉴잉글랜드연회 소속 목사로 활동한 '목회자 집안'이었다.[1] 어려서 메리 스크랜튼이 어떤 교육을 받았는지 확인할 수는 없지만 이런 '목회자' 집안에서 자라면서 독실한 신앙 교육을 받았을 것은 확실하다. 그는 20세 되던 1855년, 코네티컷 주 뉴헤이븐의 제조업자 윌리엄 스크랜튼(William Talcott Scranton)과 결혼했고, 이듬해 5월 29일 아들(William Benton Scranton)을 얻었는데 이후 생산이 없어 그가 외아들이 되었다.[2] 메리

---

1 L. Frey, "Mrs. M. F. Scranton", *The Korea Methodist*(이하 KM), Mar. 1905, p. 49; M. R. Hillman, "Mrs. M. F. Scranton", *The Korea Mission Field*(이하 KMF), Jan. 1910. p. 12; 메리 스크랜튼의 가운데 이름이 'Fletcher'인데, 이는 18세기 영국에서 웨슬리와 함께 초기 감리교 운동을 이끌었고 웨슬리 사후 그의 후계자가 되었던 유명한 플레처(John Fletcher, 1729-1785)와 같은 것으로, 메리 스크랜튼의 어머니가 '플레처 가문'이었거나 목사인 아버지가 그에게 '플레처'란 명예로운 이름을 붙여준 것으로 보인다.

는 나이 40세 되던 1872년, 남편과 사별했고 이후 뉴헤이븐에 거주하면서 예일대학을 다니는 아들을 돌보는 한편, 지역교회의 여성해외선교회(Woman's Foreign Missionary Society, WFMS) 활동에도 적극 참여하여 지회 서기로 활약했다.

1878년 아들이 예일대학을 졸업하고 뉴욕 의과대학(College of Physicians and Surgeons, 후의 컬럼비아 의과대학)에 입학하게 됨에 따라 함께 뉴욕으로 이주하여 1882년 아들이 졸업할 때까지 머물렀는데 그 기간 중에도 뉴클리드(Newclid) 교회에 출석하면서 뉴욕 지역 여성해외선교회 활동에 참여했다. 그리고 아들이 1882년 7월, 미국 회중교회 목회자(Phelps Arms)의 딸(Louisa Wyeth Arms, 1860- ?)과 결혼하고 오하이오 주 클리블랜드에서 개업을 하게 됨에 따라 그도 클리블랜드로 가서 유클리드애비뉴(Euclid Avenue) 교회에 출석했는데[3] 이곳에서도 여성해외선교회 활동에 열심히 참여했다. 이처럼 메리 스크랜튼은 남편과 사별한 후 아들 교육을 뒷바라지하면서 출석하는 교회와 지방의 여성해외선교회 활동에 적극 참여, 후원과 기도로 미국 감리회 여성들의 국내외 선교를 지원했는데, 그런 그가 직접 선교사가 되어 한국에 나오게 된 것이다.

후에(1896년) 메리 스크랜튼은 미감리회 여성해외선교회의 한국 선교 초기 역사를 정리하면서 서두에서 한국 선교의 동기와 과정을 이렇게 설명했다.

---

2 Personal Statement of W. B. Scranton for the Missionary Society of the Methodist Episcopal Church, Jan. 19th, 1897.

3 Personal Record of William Benton Scranton, 1901; "Scranton, William Benton", *Encyclopedia of World Methodism*(이하 EWM), vol. II, The United Methodist Publishing House, Nashville, 1974. 2, p. 114.

미감리회 여성해외선교회의 한국 선교 사역은 1883년 9월, 오하이오 주 레베나라는 작은 도시에서 출발했다 할 수 있다. 그곳에서 지방선교회 모임이 열렸는데 당시는 인도와 일본 사역이 주목을 끌고 있었다. 그날 강연사의 마음속에는 아직 문호를 개방하지 않은 한국에 대한 생각이 없었다. 그런데 그 자리에 참석했던 나이 많은 부인의 마음과 눈을 주님께서 움직이고 열어주심으로 다른 모든 이들이 잊고 있었던 것을 보고 느끼게 하셨다. 그는 일어나 말하기를 자신에게 돈이 조금 있는데 그것을 하나님께 바치겠노라 했다. 그리고 언젠가 한국이 문호를 개방할 때까지 그 돈을 선교회에 맡기겠다고 했다. 그는 이 돈을 모갯돈으로 해서 다른 분들도 참여해 속히 한국의 부인과 소녀들도 예수 그리스도 안에 있는 진리를 깨닫게 되기를 간절히 바란다고 했다. 이때로부터 이 암흑의 나라를 향한 기도가 시작되었음은 물론이다.[4]

메리 스크랜튼이 1883년 9월의 레베나 모임에 참석했는지 여부는 확인할 수 없지만 이 모임에서 익명의 한 노인이 기부한 '한국 선교기금'에 대한 이야기는 여성해외선교회 활동에 적극 참여하고 있던 그에게도 '기도 제목'이 되었을 것은 분명하다. 그러나 그때는 자신이 한국에 개척 선교사로 나가게 될 줄은 몰랐을 것이다.

---

4 M. F. Scranton, "Woman's Work in Korea", *The Korean Repository*(이하 KR), Jan. 1896, p. 2.

한국 선교 결심

잘 알려진 바와 같이, 메리 스크랜튼은 아들 내외와 두 살짜리 손녀(Augusta), 그리고 아펜젤러(Henry A. Appenzeller) 부부와 함께 미감리회 한국 개척선교단의 일원이 되어 1885년 2월 3일 한국으로 출발했다.[5] 일행이 모두 6명이었는데 그중 4명이 스크랜튼 집안이었다. 이처럼 스크랜튼 가족의 선교 결심을 이끌어낸 인물이 메리 스크랜튼이었다. 오래전부터 해외 선교에 대한 관심이 깊었지만 선교비 후원과 기도 정도로 참여했던 그가 1883년 레베나 모임 이후 '한국 선교'에 대해 관심을 갖고 기도하게 되었는데 1년 후 한국 정부가 비로소 문을 열고 학교와 병원 사업을 할 의사와 교사를 받아들이기로 했다는 소식을 접하게 되었다.[6] 스크랜튼 가족이 한국에 선교를 지원하게 된 과정이 흥미롭다.

한국 선교의 가능성을 확인한 미감리회 해외선교부에서는 평소 활발

---

5 *Annual Report of the Board of Foreign Mission of the Methodist Episcopal Church*(이하 ARMEC), 1884, p. 205.

6 '은둔국' 한국이 서방에 대해 문을 연 것은 1882년 미국과 강화도조약을 체결하면서부터였다. 그 결과 1883년 5월 초대 주한미국 공사 푸트가 내한했고 그 답례로 7월 민영익을 수반으로 한 외교사절단이 미국을 방문, 루즈벨트 대통령에게 고종의 친서를 전달했다. 그런데 외교사절단이 샌프란시스코에서 워싱턴까지 타고 가던 기차에 미감리회 볼티모어연회의 가우처(J. F. Goucher) 박사도 타고 있었다. 아시아 선교에 관심이 깊었던 가우처 박사는 국왕의 조카인 사절단장(민영익)과 대화하는 중에 한국 선교의 가능성을 확인했고 곧바로 해외선교부에 2천 달러를 보내며 한국 선교 개척을 촉구했다. 그리고 개인적으로 친분이 깊은 일본 주재 선교사 매클레이(R. S. Maclay)에게 "한국 선교의 가능성을 타진해보라."는 편지를 보냈고 이에 매클레이는 1884년 6월 24일 내한하여 미국 공사관을 통해 한국 정부에 선교 가능성을 문의한 결과, 당시 외교 협판으로 있던 김옥균을 통해 "미국인들이 들어와 학교와 병원 사업을 해도 된다."는 고종의 '윤허'를 받을 수 있었다. 이에 미감리회 해외선교부는 곧바로 학교와 병원 사역을 할 선교사 선발에 착수했다. E. M. Cable, "Beginning of Methodism in Korea", *Within the Gate*, ed. by S. A. Sauer, The Korea Methodist News Service, Seoul, 1934, pp. 7-8.

한 해외 선교 지원 활동으로 이미 유명한 인사가 된 메리 스크랜튼 대부인의 아들이 의사라는 사실을 알고 그런 어머니의 아들이라면 능히 한국에 나가 의료 선교를 개척할 수 있는 적임자로 여겼다. 그런데 선교부 관계자가 클리블랜드의 스크랜튼 가정을 방문했을 때 처음 그를 맞이한 인물은 어머니가 아니라 며느리였다. 훗날(1934년) 며느리 스크랜튼 부인은 그때 일을 이렇게 회고했다.

> 1884년쯤인가, 제 생각으로는 매클레이 박사인 것 같은데[7] 한 분이 클리블랜드로 어머님을 뵈러 왔습니다. 그분은 홀에서 나를 만나서 한국에 선교사로 가는 게 어떻겠느냐고 물어보았습니다. 나는 놀라서 그를 쳐다보았습니다. 나는 해외 선교에 대해 아는 것이 전혀 없었습니다. 국내 전도나 인디언 선교에 대해 조금 돕고 있을 뿐이고 국내 전도인을 지원하는 정도였습니다. 나는 "아이구머니! 그건 안 됩니다"라고 대답했습니다. 그러자 그분은 "그럼 할 수 없군요"라고 했습니다. 나는 "선교사로 가는 것은 생각해본 적도 없습니다"라고 했고 더 이상 대화는 없었습니다. 그분은 떠나갔고 나도 더 이상 그 일을 생각하지 않았습니다.[8]

그런데 며느리 스크랜튼 부인이 일언지하에 선교부 관계자를 돌려보내고 난 직후, 그 집에 우환이 닥쳤다. 의사인 남편이 앓아 누었고 한 살짜리 딸까지 심하게 아팠다. 어머니는 아들을, 며느리는 딸을 간호했다. 한 달여 후에 남편과 딸이 회복되었다. 건강을 되찾은 스크랜튼은 아내

---

7 매클레이는 아니었다. 매클레이는 그 무렵 일본에 있었다. *Minutes of the Japan Conferencre of the Methodist Episcopal Church*, 1884, pp. 4-6.

8 W. A. Noble, "Pioneers of Korea", p. 27.

를 데리고 드라이브를 나가 조용한 곳에 이르러 속마음을 털어놓았다.

> 남편이 회복된 후 우리는 차로 드라이브를 나갔습니다. 그때 남편은 내게 놀라지 말라고 당부하면서 자신은 중앙아프리카를 제외한 곳이라면 어느 곳이든 선교사로 나가 자신을 헌신하기로 작정했다고 밝혔습니다. 얼마 시간이 흐른 뒤 나는, "당신이 가는 곳이라면 어디든 저도 가겠습니다"라고 말했습니다. 그리고 또 한참 지난 후, "거기에 제 뼈도 묻겠습니다"라고 말했습니다. 나는 결혼하던 날 결심한 것 중 하나가 무슨 일이 있어도 남편을 거역하지 않겠다는 것이었습니다. 청천벽력 같은 일이었으나 그처럼 고귀한 이상을 추구하려는 남편의 말을 따르기로 결심했습니다.[9]

한 달간 투병하면서 남편의 마음이 바뀐 것처럼 한 달간 간호하면서 부인의 마음도 바뀌었던 것이다. 이처럼 스크랜튼 부부가 해외 선교를 결심하게 된 배경에는 어머니의 설득과 권유가 있었음은 쉽게 짐작할 수 있다. 평소 해외 선교에 적극적인 자세를 취하고 있던 어머니가 한 달 동안 아들과 함께 나눈 '병상 대화(病床對話)'의 내용이 무엇이었을지도 쉽게 짐작할 수 있다. 이런 과정을 거쳐 이들 스크랜튼 부부는 한국 선교를 결심하고 클리블랜드 병원 사업을 정리한 후 1884년 10월, 미감리회 해외선교부로부터 선교사로 임명받았고 그해 12월 4일 뉴욕으로 가서 한국 선교 사역을 관리하던 파울러(C. W. Fowler) 감독에게 뉴욕동부연회(New York East Conference) 소속으로 목사 안수를 받

9 W. A. Noble, "Pioneers of Korea", p. 27.

고 동시에 한국 선교 개척자로 임명받았다.[10]

이처럼 아들 부부의 선교 결심을 끌어낸 어머니, 메리 스크랜튼도 한국에 동행하기로 했다. 처음엔 조용히 아들 내외의 선교 사역을 측면에서 지원할 생각이었으나 여성해외선교회(WFMS)는 그에게 "여성해외선교회를 대표하여 한국에서 독자적인 선교 활동을 펼칠 것을 강력하게 요구했고 처음엔 나이 때문에 사양했으나 결국 여성해외선교회 지도자들의 끈질긴 설득을 받아들여 52세의 나이로 한국에 개척 선교사로 나오게 되었다."[11] 그가 정식으로 미감리회 여성해외선교회 선교사로 임명을 받은 것은 1884년 10월이었다. 보통 어머니라면, 홀로 어렵게 키운 아들이 명문 대학을 나와 의사가 되었으니 이제 말년을 편안하게 지내고 싶었겠지만 메리 스크랜튼은 오히려 그런 생각을 가지고 있던 아들 내외를 설득하여 외국 선교사로 내보내고 자신도 함께 가겠다고 나섰으니 상식을 뛰어넘는 생각과 결단이었다. 이런 '비범한' 어머니의 결단에 순종하여 스크랜튼 가족은 '본토 친척, 아비의 집'을 떠나 '약속의 땅' 한국으로 향했다(창 12:1).

내한과 정동 정착

개척 선교사 스크랜튼과 아펜젤러 가족이 일본에 도착한 것은 1885년 2월 27일이었다. 이들은 곧바로 한국으로 오고 싶었으나 세 달 전(1884년 12월 3일) 일어난 갑신정변의 여파로 국내 분위기가 선교사들에게

10 Personal Record of William Benton Scranton, 1901.

11 M. R. Hillman, "Mrs. M. F. Scranton", p. 12.

H. G. 아펜젤러 목사

M. F. 스크랜튼 부인

우호적이지 않았기 때문에 주한미국 공사(Foulk)의 충고를 받아들여 입국을 보류하고 일본에 머물면서 한국 선교를 준비했다.[12] 이들은 1882년 일본에 유학 왔다가 기독교로 개종한 후 성경을 한글로 번역하고 있던 이수정, 그리고 갑신정변 실패 후 일본에 망명 중인 김옥균, 서광범, 서재필 등 개화파 지식인들로부터 한국어와 한국 문화를 배우고, 한국 선교의 문을 여는 데 공헌한 매클레이(R. S. Maclay)를 비롯한 일본 주재 선교사들의 환대를 받으며 한국 선교를 준비했다.[13] 메리 스크랜튼은 일본의 우호적인 분위기에 대해 "여기 환경은 아주 좋습니다. 선교사들은 더 이상 할 수 없을 정도로 잘하고 있으며 일본 생활도 아주 유쾌합니다"라고 하면서도 "그러나 나는 어서 가서 내 백성 가운데 살기를 바랍니다"라고 하며 한국 선교에 대한 강한 의지를 밝혔다.[14] 한국

---

12 *ARMEC* 1884, p. 205; *ARMEC* 1885, pp. 234-235.

13 M. S. Maclay, "Commencement of the Korea Methodist Episcopal Church", *The Gospel in All Lands*, Nov. 1896, pp. 500-502.

사람을 '내 백성(my own people)'이라 표현한 것에서 피선교지에 대한 강한 열정과 사랑을 느낄 수 있다.

그러나 그렇게 바라는 입국 기회는 쉽게 찾아오지 않았다. 개척 선교사들이 일본에서 한 달 넘게 기다렸다가 아펜젤러 부부가 입국을 시도, 1885년 4월 5일 부활주일에 인천까지는 갔으나 "서양 여인이 서울에 나타나는 것이 바람직하지 않다"는 미국 공사의 전갈을 받고 일 주일 만에 일본으로 철수한 것이 메리 스크랜튼에게 큰 실망감을 안겨주었다. 그러나 다행스럽게도 상황은 한 달 만에 바뀌어 아들 스크랜튼이 단독으로 입국을 시도하여 5월 30일 인천을 거쳐 곧바로 서울로 들어가 정동에 부지와 집들을 마련하고 선교 기지(mission station)를 개설하는 데 성공했다.[15] 그리고 마침내 일본에 남아 있던 아펜젤러 부부와 스크랜튼 가족이 6월 16일 일본을 출발하여 6월 20일 인천에 도착했고, 그중 스크랜튼 가족은 곧바로 서울로 들어와 정동에 마련한 집에 짐을 풀었다.[16] 메리 스크랜튼의 서울, 아니 한국 생활이 시작된 것이다.

두 달 전보다 나아졌다고는 하지만 서울 상황은 여전히 불안하고 불

---

14 *Annual Report of the Woman's Foreign Missionary Society of the Methodist Episcopal Church*(이하 WFMS), 1885, p. 47.

15 본래 감리교 선교부지는 1884년 6월 24일 내한해서 일주일 동안 매클레이가 머물렀던 미국 공사관 옆의 한옥(현 중명전)이었다. 매클레이가 그 집을 장차 들어올 감리교 선교사 집으로 정하고 미국 공사에게 매입을 부탁한 것이다. 그런데 미국 공사는 그 집을 1884년 9월 내한한 알렌에게 주었고 후에 스크랜튼이 들어오자 그 집에서 길 건너편 언덕 부지에 있던 영국인 소유 가옥과 부지(현 정동제일교회 사회선교관 자리)를 주선한 것이다. 스크랜튼은 오히려 변경된 부지에 더욱 만족했다. W. B. Scranton's letter to Dr. J. M. Reid, Jun. 1, 1885.

16 아펜젤러는 서울 집을 마련하기까지 두 달 가까이 인천에 머물렀는데 7월 초에야 정동에 집을 확보하여 수리한 후 그 달 29일에야 이사했다. H. G. Appenzeller's letter to J. S. Burnett, Aug. 20, 1885; 이덕주, 『서울연회사 I』, 기독교대한감리회서울연회, 2007, 54-55면.

리했다. 서울 도착 즉시 메리 스크랜튼은 본국에 보낸 보고서한에서 당시 서울 분위기와 각오를 이렇게 표현했다.

> 인간적으로 말해 우리가 전혀 안전하지 않다는 것은 우리도 잘 압니다. 그렇지만 전혀 두렵지 않습니다. 인간의 지혜를 뛰어넘는 차원의 약속을 믿기 때문입니다. 우리는 될 수 있는 대로 빨리 사역에 임할 수 있도록 만반의 준비를 하며 계획을 짜고 있습니다.[17]

사회적, 정치적 분위기도 그러했지만 그가 처한 선교 상황은 더욱 불리했다. 선교 초기 상황에 대한 그의 증언이다.

> 이 나라에 들어오면서 우리가 가지고 있던 계획을 어떤 식으로든 표현할 방법이 없었습니다. 우리가 할 수 있는 일이라면 가능한 길을 찾아서 이곳 사람들의 마음을 얻는 일과 언어를 습득하는 일이었습니다. 상황을 파악해보니 이 두 가지 모두 힘든 것이었습니다. 우리가 거리로 나가 여인들이 있는 곳에 가까이 다가가려고 하기만 하면 그들은 재빨리 문을 닫거나 휘장 속으로 숨어버렸고 아이들은 목청껏 소리를 지르며 도망쳤습니다. 우리가 그들의 마음을 얻었는지 여부는 알 수 없지만 확실한 것은 그들이 우리 마음을 얻어 우리가 그들에게 축복된 존재가 되려는 마음이 점점 더 강해졌다는 것입니다. 그리고 또한 언어 문제에 관해서도 비록 책도 없고 유능한 교사도 없고 통역도 없는 상태이지만 빨리 언어를 습득해서 단순하게 말로 해서는 통할 수 없는 지식의 세계까지 나가

17 *WFMS* 1885, p. 47.

도록 노력했다는 점입니다.[18]

어려운 한국말을 공부하는 것도 힘들었지만 다가가기만 하면 소리를 지르며 도망치는 부인과 아이들이 더 힘든 문제였다. 그러나 메리 스크랜튼은 이런 상황에도 실망하지 않았고 어학 공부에 매진하는 한편, 도망치려는 한국인들에게 더 가까이 다가가려 각오를 다졌다. 만나되 남성보다 여성을, 여성 가운데도 딸보다 어머니를 먼저 만나려 했다. 여성차별에 대한 유교적 분위기가 강하게 남아 있는 상황에서 외국인 여성으로서 남성을 만나기란 불가능했고, 딸들을 가르치려면 먼저 어머니 허락을 받아야 했기 때문이다.

메리 스크랜튼이 서울에 도착하자마자 착수한 것이 학교를 비롯한 여성 사업을 전개할 수 있는 부지 확보였다. 다행히 10월에 스크랜튼과 아펜젤러의 집 북편, 서대문 성벽 바로 안쪽 언덕의 6천여 평의 넓은 부지를 "매매계약서만 21통 작성하는" 복잡한 과정을 거쳐 확보했다.[19] 이렇게 확보한 부지 안에 있던 열아홉 채 초가집들을 헐고 1886년 2월에 한옥으로 선교사 사택과 기숙사를 갖춘 학교 교사를 건축하기 시작했는데 공사 도중, 미국 선교본부로부터 "선교사 사택 공사자금을 더 이상 지원해줄 수 없다"는 우울한 소식을 들었다. 이에 메리 스크랜튼을 비롯한 선교사들은 간절한 호소와 기도로 "무릎을 꿇었고" 마침내 미국 일리노이 주 오크팍스의 블랙스톤(W. E. Blackstone) 부인이 3천 달러, 여성해외선교회 뉴욕지회에서 7백 달러를 보내옴으로 공사를 무사히 마치고 그해(1886년) 11월에 ㄷ자형 2백여 칸짜리 한옥 건물을 완성할 수

18 L. A. Frey, "Mrs. M. F. Scranton", p. 50.

19 M. F. Scranton, "Woman's Work in Korea", p. 4.

서울 선교부지

서울 선교부지

있었다.[20] 그 사이 아들 스크랜튼도 정동에 병원을 시작했고 아펜젤러도 서울 도착 직후에 학교를 시작할 수 있었다.

이화학당 설립

이처럼 내한 1년 만에 부지와 학교 건물을 마련하는 데 성공한 메리 스크랜튼에게 닥친 다음 문제는 학생 확보였다. 아펜젤러의 학교에는 그래도 '영어를 배워 출세하려는' 남성들이 찾아왔으나 스크랜튼의 여학교에는 찾아오는 학생이 없었다. 봉건적인 사회 분위기에서 여성 교육은 여전히 부정적이었고 그것도 '서양 여성'이 하는 학교에 선뜻 자녀를 보내려는 부모는 없었다. 메리 스크랜튼은 1886년 2월, 정동 부지에 공사를 시작하면서 우선 아들 스크랜튼의 집에 방 하나를 내서 학교를 시작하고 학생을 기다렸는데 5월에야 첫 학생을 얻을 수 있었다. '아내가 영어를 배워 왕비의 어전통역이 되면 출세에 도움을 얻을까' 하고 계산한 정부 관리의 손에 끌려 온 그의 첩 '김씨 부인'이었는데 공부에 흥미가 없었고 건강도 나빠 3개월을 못 채우고 떠나고 말았다.[21]

첫 학생에게 실망한 메리 스크랜튼에게 얼마 후 새 학생이 왔는데 그는 집안이 너무 가난해서 먹일 것이 없었던 어머니가 데려다 맡긴 학생이었다. 이 학생이 스크랜튼의 첫 번째 '영구 학생'이었다. 그리고 곧바

---

20 M. F. Scranton, "Woman's Work in Korea", p. 4; *WFMS* 1886, p. 46; *ARMEC* 1885, p. 268.

21 M. F. Scranton, "Woman's Work in Korea", p. 4; 민숙현 · 박해경, 『한가람 봄바람에』, 지인사, 1981, 50면.

로 두 번째 '영구 학생'으로 '별단이'가 들어왔는데 그는 전염병에 걸려 집에서 쫓겨나 서대문 성벽 아래에 버려진 여인의 딸로서 스크랜튼 박사가 데려다 치료해서 살렸는데, 그때 함께 버려졌던 별단이를 어머니에게 맡겨 두 번째 '영구 학생'이 된 것이다. 이처럼 메리 스크랜튼은 '버려진 아이(waif)'들을 데려다 먹이고, 재우고, 입히고, 가르치는 것으로 한국에서 선교 사역을 시작했다.[22]

메리 스크랜튼은 '영구 학생'을 얻어 학교를 제대로 운영할 수 있었다는 것과 함께 그가 원했던 '한국 여성과의 접촉'이 이루어진 것에 더 큰 의미를 두었다. 여성해외선교회 본부도 그 사실을 이렇게 설명했다.

> 한국 여성들을 만나게 되었다. 더 이상 실험이 아니라 현실이 되었다. [여성에 대한] 격리의 벽이 조금씩 허물어져가고 있는데 아직은 우리 방식에 심각한 어려움이 있는 것은 사실이지만 하나님께서 은총을 내리시어 스크랜튼 부인으로부터 수개월 동안 고급 관리의 부인을 가르쳤다는 보고를 들을 수 있었다. 비록 이 부인이 병 때문에 떠나고 말았지만 어린 소녀 세 명이 현재 선교사 사택에서 공부하고 있으며 조만간 다른 학생도 올 것이다.[23]

메리 스크랜튼과 여성해외선교회 본부의 기대와 소원대로 시간이 흐르면서 학생이 조금씩 늘어났다. 1886년 11월 건축 공사가 끝나고 새 건물로 옮길 즈음에 학생은 4명이 되었고 1887년 1월에는 7명으로 늘었다.[24] 그리고 학생이 10명 수준으로 늘어난 1887년 봄에 여학교뿐 아

---

22 M. F. Scranton, "Woman' s Work in Korea", pp. 4-5.

23 *ARMEC* 1886, p. 268.

니라 미감리회 선교부에서 추진하던 병원과 학교 사업에 일대 전기를 마련해주는 중요한 일이 벌어졌다. 왕실에서 이들 사업을 인정한다는 의미를 담은 '사액현판(賜額懸板)'이 내려온 것이다. 그 과정이 흥미로운데 아들 스크랜튼 박사가 그 내력을 자세히 편지로 미국에 알렸다.

> 겨울이 끝나갈 무렵, 외부 관리이기도 했던 어머니[스크랜튼 대부인]의 통역이 어머니에게 외부 독판과 직원들에게 명함을 돌릴 것을 강력하게 권했습니다. 어머니는 처음에 망설였습니다. 그러나 이렇게 하는 것이 한국에서는 관례이고 그렇게 함으로 우리를 알릴 수 있으며 외부 독판과 관리들이 어머니의 새 집을 구경하고, 또 여선교부가 하려는 일이 무엇인지 보다 분명하게 알고 싶어한다는 것을 전해 듣고 그렇게 하기로 결심하셨습니다. 그래서 어머니는 명함을 보냈으며 통역관이 중간에서 연락하여 이들을 위한 만찬 날짜를 잡았습니다.[25]

메리 스크랜튼의 어학교사(통역)로 수고하던 외부(外部) 관리의 중재로 외부 독판 김윤식(金允植)과 고위 관리들이 스크랜튼 대부인의 집과 여학교를 방문하게 된 것이다. 외부 관리들이 정동 언덕에 우뚝 솟은 대감 집보다 더 큰 집을 보고 싶어한다는 얘기를 듣고 이것을 선교사업 소개의 기회로 삼으려 한 것이다. 마침 1887년 1월 11일 정동에 있던 장로교와 감리교 선교사들이 국왕과 왕비의 초청을 받고 궁에 들어가 만찬 대접을 받은 일도 있어[26] 외부와 선교사 관계가 그 어느 때보다 우호적이었다. 이런 상황에서 1월 말 스크랜튼 대부인 집에서 외부 독판 초

---

24 M. F. Scranton, "Woman's Work in Korea", p. 5.

25 W. B. Scranton's letter to Dr. J. M. Reid, Apr. 21, 1887.

청 만찬이 베풀어진 것이다. 계속되는 스크랜튼의 편지다.

> 외부 독판 외에 협판 네 명 중 세 명이 참석했는데 나머지 협판 한 명은 업무 관계로 궁에 남아 있어야 했답니다. 이곳 여선교회 사업을 돕기 위해 본국 지회 한 곳에서 보내준 환등기로 미국과 유럽의 경치, 그리고 성경 내용을 보여주었습니다. 이 그림들로 인해 우리를 불안하게 하던 것이 사라지는 듯싶었습니다. 여기 서울에 있는 사람들은 아주 호기심이 많아 이 그림들을 보고는 관심이 많아 몇 번씩 보고 나서 또 보려고 합니다. 그날 저녁에도 우리 초대 손님들은 아주 흡족해하는 것 같았습니다. 환등 상영이 있은 후 만찬이 있었으며 그 후 여학생들이 들어와 교리문답을 하고 찬송을 불렀습니다. 독판과 관리들은 모든 것에 만족하여 그 어떤 때보다 기분 좋아했으며 아주 우호적인 관심을 표명했습니다.[27]

학생들이 그동안 배운 기독교 교리와 찬송을 들려주는 '종교 행위'를 보여주었음에도 외부 관리들은 대단히 만족했다. 메리 스크랜튼은 기회를 놓치지 않고 여학교에 대한 오해와 잘못된 풍설들에 대해 해명하면서 지원을 요청했다. 독판을 비롯한 외부 관리들도 협력을 약속했다. 마

---

26 본래 경복궁 연못 빙판에서 서양인이 스케이트 타는 것을 구경하기로 했는데 눈이 많이 와서 취소되고 대신 만찬 연회가 열렸다. 이 모임은 왕비의 전속 의사이기도 했던 미국 북장로회 여선교사 엘러즈(A. Ellers)의 주선으로 왕비가 초청한 것인데 선교사로는 감리교에서 아펜젤러 부부, 장로교에서 언더우드와 엘러즈, 알렌, 미국인 세무관 헌트와 메릴, 육영공원 교사로 초빙되어 온 헐버트와 벙커, 길모어 등이 참석했다. H. G. Appenzeller's Diary, Jan.16, 1887.

27 W. B. Scranton's letter to Dr. J. M. Reid, Apr. 21, 1887.

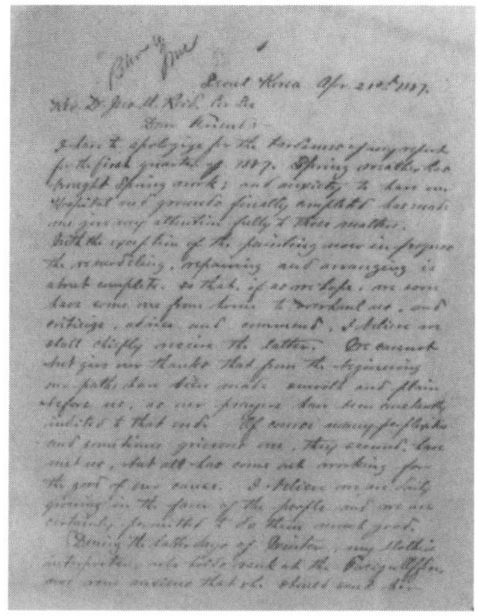

고종으로부터 하사받은 이화학당 현판(좌)과 고종이 '이화학당'이라는 현판을 하사했다는 내용이 담긴 스크랜튼 의사의 편지(우)

침 그 만찬에 참석했던 아펜젤러도 독판에게 '학교명' 문제를 거론하며 협력을 부탁했다. 이 만찬을 계기로 외부 독판이 적극적으로 국왕을 설득하고 나섰다. 그 효과는 오래지 않아 나타났다. 스크랜튼의 편지다.

> 그 후 시시로 들려오는 소식은 그[독판]가 국왕 전하를 알현하는 자리에서 이 문제를 해결하기 위해 최선을 다하고 있다는 것이었습니다. 그리고 몇 주간이 지난 후 국왕 전하는 우리 서양인들이 듣기에는 약간 유치하다고 생각되지만 저들이 보기에 적당하다고 생각되는 학교 이름 하나를 골라 외부로 하여금 그것을 한자로 써서 보내주라고 지시했는데 그 뜻은 '배꽃 학교 터(Pear Flower School Grounds)'입니다. 국왕 전하는 동시에 '기수(旗手)'라는 호위 병사도 보내주었는데 이는 일반 병사

보다는 약간 높은 계급으로 외교관이나 외국인을 보호하기 위해 선발된 명예로운 직책입니다. 외부에서 교명을 적어 보낸 종이를 나무판에 부착한 후 한국인 기술자가 그것을 비에 젖어도 상관없게 써서 그 간판을 여선교부 입구에 매달았습니다.[28]

그렇게 해서 이화학당(梨花學堂)이라는 교명이 탄생했다. 꽃을 학교 이름으로 사용하는 것이 서양인에게는 '약간 유치한(somewhat flowery)' 것으로 보였을지 몰라도 동양에서는 달랐다. 특히 '배꽃'은 조선 시대 왕실을 상징하는 '오얏꽃(李花)'과 모양과 한자 이름이 같아 종종 왕실 문양으로 쓰이던 꽃이었다. 이런 의미의 배꽃을 교명으로 하사받고, 국왕이 보낸 '기수'가 학교 건물을 지키기 시작했으니 사액현판이 걸린 여학교를 보는 일반인들의 시각이 달라질 것은 자명했다. 메리 스크랜튼도 그 의미를 알고 교명을 환영했다.

학교 이름은 더할 나위 없이 훌륭합니다. 왕실에서 그 이름을 지어주었다는 점에서 더욱 특별한 의미가 있습니다. 한국인들은 여성들을 칭할 때(특히 우아하고 감미로운 여인을 칭할 때) '배꽃[梨花]'이라는 표현을 씁니다. 그래서 우리 학교는 '이화학당(Pear Flower School)'이 되었습니다. 전해 들은 바로는 처음에 정부 관리들이 생각했던 이름이 따로 있었는데 '전신학당(全信學堂, Entire Trust School)'이었답니다. 제 마음에 꼭 드는 이름이었는데 한국 관리들 맘에 별로 들지 않았나 봅니다. 어찌 되었든 그들은 우리에게 더 적합하다고 생각한 이름을 지어

---

28 W. B. Scranton's letter to Dr. J. M. Reid, Apr. 21, 1887.

정동시병원

내려 보냈고 그것은 지금 우리 학교 대문 위에 달려 있습니다.[29]

이처럼 메리 스크랜튼의 여학교에 '이화학당'이라는 이름을 지어 내려 보낸 며칠 후 정부에서는 같은 방식으로 아펜젤러의 남자학교에 '배재학당(培材學堂)'이라는 교명을, 스크랜튼 박사의 병원에는 '시병원(施病院)'이라는 사액현판을 내렸다. 계속되는 스크랜튼의 편지다.

여선교부에 이런 일이 일어난 지 며칠 되지 않아 아펜젤러가 관리하고 있는 학교에도 같은 식의 교지와 기수가 내려왔으며 몇 주 후에는 병원도 잊지 않고 그런 조처가 취해졌습니다.[30]

---

29 *WFMS* 1887, p. 50.

30 W. B. Scranton's letter to Dr. J. M. Reid, Apr. 21, 1887.

이화학당 → 배재학당 → 시병원 순서로 국왕이 이름을 지어 보냈던 것이다. 이로써 미감리회 선교부가 정동에서 시작한 남녀 학교와 병원 사업은 1년 만에 국왕과 정부의 '공인'과 보호를 받는 사업이 되었다. 선교 활동의 합법적 공간과 환경, 그리고 분위기가 조성된 것이다.

이러한 사액현판과 '인가' 조치가 메리 스크랜튼의 외부 독판과 관리 초청 만찬에서 비롯되었다는 점에서 그가 선교사들의 '어머니' 역할을 훌륭하게 감당했음을 알 수 있다. 그리고 그것이 가능했던 것은 메리 스크랜튼의 여학교에 거는 왕실과 정부의 기대가 컸기 때문임을 의미했다. 이처럼 그의 여학교가 나라에서 인정하고 보호하는 기관인 것이 확인되자 가난한 부모들은 안심하고 딸을 학교에 맡겼다. 그 결과 1887년 여름 학생 수가 11명으로 늘었고[31] 45명을 수용할 수 있는 기숙사와 교무실까지 완성한 1887년 말에는 학생 18명이 기숙사 생활을 하면서 교육을 받게 되었다. 여성해외선교회에 보고된 당시 학교 상황이다.

> 이 학생들은 미신과 암흑이 지배하던 집안에서 의무감으로 해야 하는 집안일 외에는 단조로운 생활을 하던 소녀들이다. 그런데 이제 새 집에 와서, 새 집 이름에 어울리게 전혀 다른 것들을 접하고 있다. 이들은 비록 교재가 부족하고 구두수업(recitations)을 할 수 있는 환경은 되지 못하지만 나름대로 기초 교육을 받고 있다. 이들의 몸과 생각을 돌봐주는 한편, 마음속 관심도 세심하게 살피고 있다. 몇 명은 기독교 신앙을 고백했고 모든 학생들이 기독교의 가치와 영향력을 인식하고 있을 뿐 아니라 학교 전체가 온화한 분위기에 싸여 있다.[32]

31 *WFMS* 1887, p. 52.

32 *ARMEC* 1888, p. 339.

최초의 여성전용 병원 보구여관

이화학당은 이미 '기독교 학교'로 분위기를 잡아가고 있었다. 이처럼 여학교가 활기를 띠면서 메리 스크랜튼의 일도 많아졌다. 그는 도착 직후부터 본국 선교본부에 추가 선교사를 보내달라고 계속 요청했는데 특히 학교를 담당할 '젊은 교사'와 여성 병원을 담당할 '여성 의사'를 요청했다. 그리고 마침내 1887년 10월, 학교를 할 로드와일러(L. C. Rothweiler)와 병원을 할 하워드(M. Howard), 두 독신 여선교사가 파송되어 왔다. 로드와일러는 한국말을 익히기도 전에 이화학당에 투입되었고 의사인 하워드는 스크랜튼의 시병원에 들어가 여성 환자들을 진료하다가 1888년 10월 이화학당 아래쪽에 별도 한옥 건물을 마련하고 보구여관(保救女館)이라는 한국의 최초 여성 전용병원을 설립했다.[33] 이로써 미감리회 여선교부는 이화학당과 보구여관을 설립하여 남성 선교부에서 운영하는 배재학당 및 시병원과 함께 정동을 감리교회의 확고한 선교 거점으로 만드는 데 기여했다. 이들 네 기관이 표면적으로 추진하는 것은 교육과 의료 사업이었지만 그 내면의, 궁극적인 목적은 '복음 전도'와 '교회 설립'에 있었다. 그러한 기대는 오래지 않아 현실화되었다.

종교 교육과 여성 집회

'이화학당'이라는 교명을 하사받은 메리 스크랜튼은 자신감을 갖고 선교사로서 추구할 본래 목적인 '복음 전도' 사역에 착수했다. 힐먼(M. R. Hillman)의 표현대로, 메리 스크랜튼은 한국에 올 때부터 '여성 교육(educational work)'과 '복음 전도(evangelistic work)'를 선교 사역의 양축으로 삼았다.[34] 이 두 가지 사역은 동전의 양면처럼 상호 보완하면서 그가 추구했던 '전인적 신앙의 여성 지도자(holistic Christian woman leader)' 양성의 기본 원리로 작용했다. 그리고 로드와일러가 이화학당 교사로 보충되면서 그는 그동안 마음에만 두고 행동으로 옮기지 못했던 복음 전도 사역을 학교 안팎에서 시도했다. 이미 그는 1887년 1월 외부 독판이 보는 앞에서 학생들로 하여금 기독교 교리를 외우고 찬송을 부르게 하는 모험을 감행했다. 학교 안의 교리 공부와 종교 행위에 대한 정부 관리들의 묵인을 확인한 그는 기숙사 생활을 하고 있

33 그러나 하워드는 1년 만에 병으로 귀국하고 보구여관은 한동안 시병원에 흡수되었다가 1890년 셔우드(R. Sherwood)가 내한하면서 다시 문을 열었다. 이 병원은 오늘 이화여대 동대문병원의 전신이 되었다. M. F. Scranton, "Woman's Work in Korea", p. 5; *WFMS* 1891, p. 56; 이만열, 『한국기독교의료사』, 414-418, 698-701면.

34 M. R. Hillman, "Mrs. M. F. Scranton", p. 13.

는 학생들에게 성경과 교리를 가르쳤으며 그를 찾아오는 사람들과 '종교 대화'를 시도했다. 메리 스크랜튼이 1886년 본국에 보낸 선교보고 내용의 일부다.

이곳 사람들이 처음엔 우리를 의심했는데 지금은 많은 사람들이 신뢰하고 있습니다. 우리가 하려는 일을 이해하는 사람은 아직 많지 않지만 여기 사람들이 우리가 나쁜 사람이 아니라 착한 사람인 것을 아는 것 같습니다. 어떤 사람은 미국보다 한국이 더 좋아서 우리가 여기 온 줄로 알고 있습니다. 몇 달 전, 시골에서 선생 노릇한다는 사람을 만나 어렵게 대화를 나누었는데 그는 우리나라에 관심이 많은 듯 보였습니다. 그는 머뭇거리면서 이렇게 물었습니다. "미국에 지금 사는 이 집보다 더 좋은 집이 있소?" 나는 "물론 더 좋은 집이 있지요"라고 했습니다. 그러자 좀 더 천천히 "친구들도 많소?" 했습니다. 나는 확고하고 단호하게 그렇다고 했습니다. 그는 이제 알고 있습니다. 나는 최선을 다해 하나님과 성경에 대해서, 이것이 이 나라와 개인에게 얼마나 중요한 것인지를 설명했습니다. 그는 용기가 있는 사람이어서 성경을 배우겠다고 했습니다. 그는 요즘도 보는 사람이 없다고 성경을 꺼내 읽고 있습니다. 이곳 사람들에게 '새로운 종교'를 한다는 것은 아주 위험한 일입니다. 따라서 여기 사람들이 위험을 무릅쓰고 믿기로 빨리 결단하지 않는다고 해서 그것을 비난해서는 안 됩니다.[35]

서울뿐 아니라 지방에서도 구도자들이 메리 스크랜튼을 찾아와 '종

35 *WFMS* 1886, p. 47.

교 대화'를 나눈 후, "지방에도 내려와 세례를 베풀고 기독교 교리를 가르쳐 달라"고 요청하는 상황으로 발전했다. 그가 1887년에 보낸 선교 보고다.

> 어제 한국인 한 명이 나를 찾아와 지방 상황에 대해 긴 대화를 나누었습니다. 그의 얘기에 따르면 지금 지방에는 성경을 읽으며 그 진리에 대해 가르침을 받고자 하는 구도자들이 상당수 있다는 것입니다. 이곳 사람들을 만나다 보면 많은 경우 우리가 주려는 것 이상으로 말씀을 받고 싶어한다는 사실을 느끼게 됩니다. 그가 하는 말을 모두 이해할 수는 없지만 그가 말한 취지는 지방에 성경을 읽고 있는 여인들이 있는데 내가 있는 곳으로는 올 수 없는 형편이라 누군가 그곳에 가서 가르치기만 한다면 참으로 놀라운 결과가 있을 것이란 것이었습니다. 저로서는 그에게 가능한 한 빨리 도와줄 사람을 얻어 한국어 공부에 더욱 매진하여 가능한 한 빨리 한국인 가정에 찾아들어가 그리스도를 가르칠 수 있도록 노력하겠노라 약속하는 것 외에 해줄 것이 없었습니다.[36]

아직 조심스러운 서울 상황과 달리 지방에서는 보다 적극적으로 복음 전도를 요구하고 있었다. 서울 상황도 1887년에 접어들면서 호전되었다. 특히 아펜젤러는 국왕으로부터 '배재학당' 현판을 받은 직후부터 보다 적극적으로 학생들을 대상으로 전도 사역을 추진하여 그해 7월과 10월에 배재학당 학생 박중상과 한용경에게 세례를 베풀었고 10월 9일에는 만주에서 세례를 받고 들어온 매서인 최성균(崔成均)과 함께 남대

36 *WFMS* 1887, p. 51.

정동감리교회

문 안 한옥 '베델예배당(Bethel chapel)'에서 한국인 집회를 시작했으니, 오늘의 정동제일교회의 출발이다.[37] 이 베델예배당 집회가 시작된 그 다음 주일(1887년 10월 16일)에 최성균의 아내 '최씨 부인'이 아펜젤러에게 세례를 받았으니 한국의 '최초 개신교 여성 세례인'이 탄생한 것이고, 그것은 아펜젤러의 표현대로 '안방으로 통하는 길(Inroads into the An Pang)'을 여는 사건이었다.[38]

최성균 부인의 세례를 계기로 용기를 얻은 여성 구도자들이 생겨나 1888년 1월 12일, 여성 5명이 한꺼번에 아펜젤러에게 세례를 받았다.[39]

37 H. G. Appenzeller's Diary, Oct. 11, 1887; 이덕주, 『한국 감리교 여선교회의 역사』, 기독교대한감리회 여선교회전국연합회, 1991, 72면.

38 H. G. Appenzeller's Diary, Oct. 31, 1887.

39 H. G. Appenzeller's Diary, Jan. 14, 1888.

이에 용기를 얻은 메리 스크랜튼은 1888년 1월부터 이화학당 학생 12명, 베델예배당에 참석하는 여성 교인 3명, 여선교사 4명, 모두 19명으로 주일학교(Sunday school)를 시작했다.[40] 매 주일 여성들이 모여 성경과 교리를 공부하는 형태로 시작했는데 여성주일학교로서만이 아니라 한국 주일학교 역사에도 첫 모임으로 기록된다. 그리고 메리 스크랜튼은 주일학교를 시작한 지 한 달 만에 본격적인 '여성 집회(meeting among women)'를 시작했는데 그 배경에는 베델예배당의 남성 교인들의 강력한 요구가 있었다. 메리 스크랜튼의 증언이다.

> [여성주일학교를 시작한 지] 한 달 만에 여성들만의 집회를 시작했다. 한국의 남성 교인들이 그처럼 독촉하지 않았던들 여성 집회가 이처럼 빨리 시작되지는 못했을 것이다. 남성 교인들은 "우리는 지금 교육을 받고 있는데 우리 아내들도 교리를 배우지 못할 이유가 무엇입니까?" 했다. 우리는 우리가 한국어를 배울 시간적 여유가 너무 없어 말에 익숙지 못해 공식적으로 교인 가정 외에 다른 사람을 가르칠 수 없노라고 누차 설득했다. 그들 귀엔 우리 말이 별로 먹혀들어가지 않았다. 그들은 계속해서 찾아와 같은 요청을 되풀이했고 결국 우리는 더 이상 거절할 수 없었다.[41]

이렇게 시작한 여성 집회는 성공적이었다. 여선교사와 여성 교인들은 매 주일 저녁에 베델예배당에서 모였는데 첫 모임에 21명이 참석할 정도로 호응이 컸고 얼마 후에는 50명까지 늘어났다. 이에 메리 스크랜튼

---

40 M. F. Scranton, "Woman's Work in Korea", p. 5.

41 M. F. Scranton, "Woman's Work in Korea", p. 5.

은 전도부인 두 명을 고용하여 여성 집회를 지도하도록 했고 미국 일리노이 주 졸리엣(Joliet)에 사는 밀러(C. A. Miller) 부인이 보내온 150달러로 성경과 여성 사업을 위한 집을 구입하여 전도부인에게 성경을 가르치기 시작했다.[42] 아펜젤러가 1887년 가을부터 기독교 교리를 배우기 원하는 학생들에게 배재학당에서 성경과 교리 공부를 시작했던 것처럼 메리 스크랜튼도 복음 전도 사역에 종사하는 전도부인과 그 후보자에게 신학 교육을 시작한 것이다. 이런 식으로 메리 스크랜튼의 선교 사역은 이화학당 범주를 넘어 복음 전도와 신학 교육 분야까지 확대되었는데 이 모든 것이 그가 주도했다기보다 토착 교인들의 요구와 촉구에 '떠밀려' 추진한 것이란 점에서 그는 '기대 이상'의 선교 상황을 맞고 있었다.

영아 소동과 여성 교회 설립

그렇다고 초기 선교 과정이 순탄하고 원활한 것만은 아니었다. 1888년 5월, 한국 정부에서 돌연 선교사들의 종교 전파 행위를 중단하라는 '금령(禁令)'을 반포했다. 이는 궁궐보다 더 높은 지대인 남산 명례방(명동)에 성당 건축을 강행하는 천주교 신부들에 대한 정부의 불쾌한 감정이 작용한 결과로 나온 것인데, 게다가 이 무렵 "서양인들이 조선 아이들을 유괴해서 실험용으로 쓰거나 남색을 즐기고, 미국에 노예로 팔아넘긴다"는 식의 헛된 풍문이 돌면서 흥분한 군중이 선교부에 몰려와 돌을 던지며 선교부에서 운영하는 학교와 병원을 파괴하려 했다.[43]

42 *ARMEC* 1888, p. 340.

43 *ARMEC* 1888, pp. 337-338.

이를 '영아 소동(baby riot)'이라 하는데, 기독교 선교의 큰 위기였다. 이 소동은 정확하지 못한 정보를 사실로 인식한 군중의 흥분 때문에 일어난 것이지만, 그 배경에는 선교사와 교회를 중심으로 확산되어 가는 개화와 기독교 확산을 차단하려는 수구파 보수 세력의 '부추김'도 크게 작용했다.

그런 면에서 미감리회 선교부에서 운영하는 정동의 이화학당, 배재학당, 시병원 등은 '성난' 군중의 주요 공격 목표였으며 선교사 사택도 안전하지 못했다. 그중에도 흥분한 군중들의 주요 표적이 된 이화학당의 메리 스크랜튼의 불안은 상당히 컸다. 그의 1888년 선교보고다.

> 하루는 군중들이 우리 대문 밖에 몰려와서 대문지기에게 아이들을 유괴해서 나한테 돈 받고 팔아넘겼다며 욕을 하며 죽이겠다고 했습니다. 이튿날에는 그들이 우리를 습격할 계획을 며칠 전부터 세워두었다는 소식이 들려왔습니다. 우리는 사건이 터지기 전에 기회를 봐서 피신할 만반의 준비를 취했습니다. 그런데 하루 이틀이 지나서 인천으로부터 군인 75명이 도착해서 우리는 크게 안심했습니다. 우리의 '푸른 제복 병사들'을 보기 전까지 얼마나 걱정했는지 모릅니다. 한국 정부에서도 피를 흘리거나 집이 파괴되지 않도록 최선을 다했습니다. 왕은 직접 공고문을 내서 그들이 비난하는 것처럼 우리 외국인들이 나쁜 일을 하고 있지 않다는 것을 밝히고 군중 소요를 일으키지 말 것을 명했습니다. 그러면서 병졸들로 하여금 밤낮으로 거리 순찰을 해서 소요를 일으키려는 자가 있으면 누구든 체포하라고 했습니다.[44]

---

44 *WFMS* 1888, p. 45.

인천에 주둔하고 있던 미국 함대 수병들이 서울에 들어와 거리를 행진하며 군사 시위를 하고, 한국 정부에서도 적극적으로 나서 치안을 유지함으로써 소요는 '6주 만에' 진정되었지만 그 후유증은 상당 기간 지속되었다. 종교 활동에 대한 정부의 공식 '금령'은 여전히 발효 중이었고 무엇보다 학교와 병원을 통해 활기차게 전개하던 선교 사역에 심각한 타격을 입었으며 베델예배당 집회가 중단되면서 얼마 되지 않던 교인들이 두려움을 갖게 된 것이 큰 피해였다. 그러나 손해만 있었던 것은 아니다. 우선 선교사들은 한국에 와서 처음 겪은 시련이었지만 이를 통해 오히려 그 믿음과 선교 의지가 더욱 강화되었다. 메리 스크랜튼의 계속되는 선교보고다.

> 여기 있는 우리는 조금도 낙담하지 않습니다. 우리 모두는 하나님께서 이 백성들로 하여금 복음을 받아들이도록 만드실 것을 믿고 있습니다. 그리고 1888년 현재도 일은 진척되고 있습니다. 우리 사업이 얼마 동안이나 지연될지 모릅니다. 지금은 대단히 힘든 기간이지만 이 기다리는 시간도 우리 사업에 큰 방해가 되리라고는 생각지 않고 있습니다. 왕들과 관원들이 아무리 소동을 벌여도, 예수회[천주교회]가, 혹은 악마 자신이 방해를 한다 해도 사업은 추진되어 나갈 것임을 우리는 믿습니다. 아직 금령이 해제된 것은 아니지만, 우리는 모든 분야에서 일을 전과 같이 재개했습니다. 우리는 꽤 오랫동안 잠잠하게 기다리며 상황이 풀리기까지 기다렸습니다. 그리고 이제 일을 재개하기로 했는데 그 결과와 성과는 하나님께 맡기기로 했습니다.[45]

---

45 *WFMS* 1888, p. 46.

그리고 '영아 소동'은 무지(無知)와 오해에서 비롯된 것이었기에 사태의 해결 과정에서 정확한 사실 관계를 알게 된 민중은 오히려 선교사와 그들이 하는 일을 이해하고 지지하는 상황으로 바뀌었다. 소동을 겪으면서 선교사들과 한국인, 특히 민중 계층 사이에 신뢰 관계가 형성되었다는 말이다. 바뀐 분위기를 아들 스크랜튼도 알았다. 그는 '소동' 중에 집에서 돌을 맞았고 병원도 잠시 폐쇄해야 하는 곤경을 겪었지만 오히려 그것이 전화위복이 되었음을 1889년 선교보고에서 밝혔다.

> 우리는 가까스로 '민중 시험기'를 지났습니다. 이곳 사람들은 처음에 우리가 정중하게 도움을 요청해도 비웃기만 할 뿐이었는데 이제는 암묵적으로 우리를 신뢰하기 시작했습니다. 이들은 때로 눈물을 흘리면서 그동안 우리가 이들을 대했던 일관된 생각과 동정심에 깊은 감사를 표하고 있습니다. 우리는 확실히 한국을 그리스도에게로 이끌고 있음을 느끼게 됩니다.[46]

불신에서 신뢰로 바뀐 '민중 시험기(time of probation with the people)'를 통과하면서 자신감을 얻은 스크랜튼 가족은 1888년 9월부터 중단했던 사업을 재개했다. 아들 스크랜튼은 정동시병원 문을 다시 열었고 1년 전부터 추진한 '선한 사마리아인 병원(Good Samaritan's Hospital)' 계획에 따라 1888년 12월, 서대문 밖 '애오개'(아현)에 시약소를 개설하고 진료와 함께 복음 전도 사역을 시작했다.[47] 물론 아펜젤

---

46 *ARBF* 1889, pp. 293-294.

47 '선한 사마리아인 병원' 계획이란 스크랜튼이 1887년 8월 13일 본국 선교본부에 보낸 편지에서 처음 밝힌 것으로서 현재 병원이 있는 정동이 외교공관과 궁궐, 양반집 건물

러의 배재학당도 교육을 재개했다. 다만 한국인 집회가 열렸던 베델예배당은 다시 문을 열지 못했고, 남성과 여성이 별도로 집회를 갖게 되었으니 남성은 배재학당과 아펜젤러의 집에서, 여성은 메리 스크랜튼의 집과 이화학당에서 각각 따로 집회를 가졌다. 이는 '남녀 합동집회'에 대한 사회적 불신과 의구심 때문에 취한 불가피한 조처였다.

이런 상황에서 메리 스크랜튼은 1888년 9월 이화학당 문을 다시 열었다. 공식적으로는 아직도 정부의 '금령'이 내려져 있는 상황이었지만 다시 돌아온 학생들의 배움과 신앙에 대한 열정은 전보다 더욱 강해졌음을 느낄 수 있었다. 메리 스크랜튼의 1888년 선교보고다.

> 학교 사업에 관하여 학생 수는 제가 기대한 것처럼 늘어나지 않았습니다. 하지만 제가 기억하는 바로는 한국 말고도 다른 나라에서도 꽤나 오랜 기간 인내하고 기다려서야 위대한 일들이 이루어졌습니다. 그러나 지금 이곳에서 벌어지고 있는 일들을 결코 작은 일이라 할 수 없는 것이, 새 종교를 갖는 것은 물론 관심을 표명하는 것조차 대단히 위험한 것으로 여겨지는 이런 상황에서 기숙사에 있는 열세 명 학생 중에 상당수가 기독교인이 되어가고 있으며 그중에도 상당히 거칠었던 아이들이 일상적인 죄를 하늘 아버지께 고하고 있는 현실을 어떻게 설명하겠습니까?[48]

들에 둘러싸여 있어 '가난한' 환자들이 찾아오기 힘든 곳이므로 '버려진 환자'들이 있는 곳, 즉 서대문 밖 애오개와 남대문시장 언덕, 그리고 동대문 성벽 안쪽 민중 계층이 사는 곳에 시약소를 개설하여 진료와 복음 전도의 거점으로 삼겠다는 내용이었다. 그는 선교본부의 허락을 받아 1888-89년 사이에 이 세 곳에 부지를 확보하고 시약소를 개설했으니 그것이 오늘 아현교회와 상동교회, 동대문교회의 시작이 되었다. W. B. Scranton's letter to J. M. Reid, Aug. 13, 1887; *ARMEC* 1889, p. 293; 이덕주, 『서울연회사 I』, 126-134면.

48 *WFMS* 1888, p. 46.

돌아온 학생들의 믿음은 전보다 더욱 확고해졌고, 불신자였던 학생들의 변화도 고무적이었다. 학생들의 변한 믿음은 기숙사 생활에서 확인되었다. 메리 스크랜튼은 1889년 선교보고에서 이화학당 학생들의 기숙사에서 본 기도문을 소개하는 것으로 그들의 믿음을 증언했다.

> 2년 전, 기숙사 방 하나에 이런 식의 기도문이 적혀 있는 것을 본 적이 있습니다. '크고 크신 하나님, 우리가 백배(百拜)하며 크고 크신 하나님께 빌고 또 비옵나니 높은 하늘에서 미천하고 미천한 인생들이 올리는 경배를 받아주시옵소서. 우리가 크고 크신 하나님께 비옵는 것은 우리에게 좋은 운과 큰 성공을 주옵소서. 크신 하나님, 미천하고 미천한 인생들의 간구를 들어주시기를 백배로 간구하나이다.' 물론 지금은 이런 식으로 기도하지 않습니다만 여기 학생들은 어린아이와 같은 단순함과 믿음과 사랑으로 아버지께 나가고 있습니다. 무릎을 꿇고 기도하다가 행복한 환한 미소를 띠며 일어나는 학생들의 얼굴에서 믿는 대로 받는 모습을 종종 발견합니다. 얼마 전 한 학생이 이런 식으로 기도했습니다. '어서 속히 우리 모두 착한 사람이 되기를. 어서 속히, 어서 속히, 모든 한국 백성이 예수님을 믿고 예수님을 사랑하도록 만들기를.' [49]

이처럼 돌아온 이화학당 학생들의 믿음에 진보와 발전이 있는 것을 보면서 메리 스크랜튼은 선교에 대한 자신감을 얻었다. 그리고 문을 다시 연 정동 선교부를 찾아온 것은 학생만 아니었다. 메리 스크랜튼의 집에서 재개한 주일 저녁 '여성 집회'에 외부인들이 참석하기 시작했다.

---

49 *WFMS* 1889, p. 67.

어떤 때는 열 명, 혹은 스무 명씩 우리 집에서 열리는 주일 저녁 집회에 참석해서 예수께서 우리를 위해 무슨 일을 하셨는지 듣고 싶어하는 이 현상을 어찌 적은 일이라 하겠습니까? 토착 여인 두 명이 우리를 찾아와서 우리가 번역한 쪽복음서를 들고 나가 부인들에게 자기들이 알고 있는 주 예수 그리스도의 복음을 전하는 것으로 직업을 삼겠다고 했는데, 이것이 어찌 사소한 일이겠습니까? 물론 이들이 잘 훈련받은 전도부인이라고 할 수는 없습니다. 그러나 우리가 아는 바 이들이 그런 결심을 하게 된 배경에는 어떤 중요한 변화가 있었을 것이란 점입니다. 그중 한 명이 처음 나를 찾아왔을 때 "예수님을 사랑하오?"라고 물었더니 그는 주저하지 않고 "예"라고 대답했습니다. 그래서 "왜 그를 사랑하오?" 하고 물었더니 말이 끝나기가 무섭게 "그가 내 죄를 사해주었기 때문입니다"라고 했습니다.[50]

이처럼 '믿음을 갖고' 찾아오는 여성들이 늘어나면서 여성 집회는 예배 이상의 기능을 요구했다. 성경과 교리 교육의 필요성이었다. 메리 스크랜튼이 내한 3년차가 되었지만 아직은 한국어로 설교하거나 교육을 하기엔 무리가 있었다. 결국 토착인 교사가 필요했다. 메리 스크랜튼의 계속된 보고다.

이들 부인들을 가르칠 교사를 얻는 게 상당히 어려운 문제였습니다. 그래서 새로운 계획을 짰습니다. 우리 남성 매서인 중 한 사람에게 나 대신 이들을 가르쳐달라고 요청했는데, 물론 부인들이 그가 그런 일을 하

50 *WFMS* 1888, pp. 46-47.

> 도록 허락한다는 전제 하에 추진한 일입니다. 부인들은 직접 대면하지 않는 조건으로 그 일을 허락했습니다. 그래서 지금은 부인들이 방안에 들어와 좌정할 때까지 그 매서인에게 방문을 닫고 기다리도록 합니다. 그러고 나서 부인들이 앉아 있는 자리와 매서인 사이에 휘장을 쳐서 부인들이 바라는 격리 상황을 그대로 유지하면서도 마치 보는 앞에서 말하듯 목소리를 들을 수 있도록 했습니다. 내가 보기에 한두 주일 후면 네댓 명이 세례를 받을 수 있을 것 같습니다.[51]

아직 남성 설교자의 얼굴을 볼만한 용기가 없었던 여성들을 위해 고안한 것이 '방안 휘장(screen in room)'이었다. 이런 식으로 눈으로는 보지 못하지만 귀로는 들을 수 있는 '휘장 집회'를 채택한 후 여성 집회 참석자들은 꾸준히 늘어나 50명을 넘기더니 1888년 말에는 90명 수준으로 늘어났다.[52] 이처럼 선교 활동이 예전 상황을 회복하고 더욱 활기를 띠자 1889년 2월, 정부 내 수구파의 촉구로 다시 한 번 '금령'이 선포됐고 이에 여성 집회는 정동 선교부 안에 거주하는 이화학당 학생과 교사들로만 엄격하게 제한됐는데, 그 집회에 '몰래' 참석하는 외부 여성들이 끊이지 않았다.

> 어느 주일 저녁, 아직 금령이 내려져 있는 형편인데도 한 여인이 위험을 무릅쓰고 찾아왔습니다. 그는 우리가 기도하는 동안 들어와서는 사람들 눈에 잘 띄지 않는 구석에 앉았기 때문에 예배가 끝나갈 무렵까지도 인도자는 그를 발견하지 못했습니다. 집회가 끝난 후 그가 이런 말을

---

51 *WFMS* 1888, p. 47.

52 *WFMS* 1889, p. 66.

> 했습니다. "매 주일 와도 되겠는지요? 허락해주세요. 우리 집엔 쌀도 떨어졌고 땔감도 없으며 살림살이가 힘들고 어렵습니다. 하지만 여기 와서 좋은 말씀을 듣고 아름다운 노래를 들을라치면 마음이 가벼워지네요. 제발 매 주일 오도록 허락해주세요."[53]

더 이상 정부의 금령으로도 막을 수 없는 토착 여성들의 신앙 의지였다. 이에 용기를 얻은 메리 스크랜튼은 여성 집회를 원하는 모든 사람들이 참여할 수 있도록 개방했다. 이처럼 여성 집회가 활기를 띠게 되자 한국선교회 장로사(현 감리사) 책임을 지고 있던 아펜젤러는 1889년 2월, 여성 속회를 조직했고 9월 연회에서 여성만의 교회를 설립하기로 결정했다. 한국에서 최초로 '여성 교회(Woman's Church)'가 조직된 것이다. 그 과정을 메리 스크랜튼이 1890년 선교보고에서 자세히 보고했다.

> 여성 교회가 조직되었습니다. [1890년] 2월 12일 아펜젤러 장로사가 수개월 동안 우리 선교부에서 교육을 받아온 부인들로 속회(class)를 조직했습니다. 그다음 주일 저녁 그중 아홉 명에게 세례를 베풀었습니다. 그중 세 명은 우리 선교부 사람이고 한 명은 교사이며 두 명은 우리 학교 상급반 학생입니다. 그 며칠 후 다른 여덟 명이 더 들어왔는데 우리는 이들을 학습인 명부에 올리기로 했습니다. 여기서는 여성들이 엄격하게 규제를 당하기 때문에 이 작은 속회를 별도 교회로 만들 필요가 있다고 보았습니다. 그래서 최근 연회[1890년 9월 20일]에서 우리 교회로 담임

53 M. F. Scranton, "Woman's Work in Korea", pp. 6-7; *WFMS*, 1889, pp. 66-67.

자(F. Ohlinger)가 파송되어 왔는데 그는 3주에 한 번 꼴로 우리 저녁 집회에 오고 있습니다.[54]

이렇게 조직된 여성 교회는 매 주일 저녁 정동의 이화학당 혹은 메리 스크랜튼 사택에서 집회를 가졌는데, 1889년 평균 출석이 40명 수준을 기록하여 같은 기간 배재학당에서 모인 남성 집회의 15명을 배 이상 능가하는 실적을 보였다.[55] 이후 여성 교회는 1897년 12월, 정동에 '남녀가 한 지붕 아래' 집회를 할 수 있는 벽돌 예배당(현 정동제일교회 문화재예배당)을 마련할 때까지 독립된 교회로서 여성 선교와 교육의 구심점 역할을 감당했다. 이 여성 교회의 형식상 담임자는 올링거 같은 남성 선교사였지만 실질적인 담임 목회자는 메리 스크랜튼이었음은 두말할 필요가 없다.

성경 교육과 문서 사역

여성 교회가 시작된 1889년에 메리 스크랜튼은 또 다른 새로운 사역을 시작했다. 기독교를 알고 싶어하는 학생과 부인들을 대상으로 '성경 교육(Bible study)'을 시작한 것이다. 그런데 이것 역시, 그가 먼저 생각해서 한 것이 아니라 토착 교인들이 원해서 시작한 사역이었다. 메리 스크랜튼의 1889년 선교보고다.

54 *WFMS* 1890, p. 53.

55 *ARMEC* 1889, p. 294; M. F. Scranton, "Woman's Work in Korea", p. 7.

[1889년] 봄부터 내 방에서 매일 오후 작은 성경공부 모임을 시작했는데 여름까지 거의 빼놓지 않고 지속했습니다. 이 일은 단 한 명, 내게 찾아와 특별히 가르쳐달라고 요구한 여인을 위해 시작한 것입니다. 그런데 오래지 않아 다른 여인들도 참석했고 우리 학생 중 나이가 제일 많은 세 학생이 합류했으며 다른 부인 두 명도 가끔 참석하고 있습니다. 이처럼 말씀 공부에 관심을 갖고 오는 것을 보는 것도 기쁨이지만 보다 큰 기쁨은 이들이 내가 가르치는 한 시간 반짜리 수업에 만족하지 않는다는 점입니다. 나는 종종 부인과 학생들이 스스로 성경을 공부하는데 그 모습 속에서 참으로 진지하게 임하는 것을 봅니다.[56]

그런 식으로 그에게 성경 공부를 한 학생과 부인들은 그것을 남에게 전하기 시작했다.

우리 학생인 순이의 아버지는 병원 문지기인데, 순이가 몇 달 전 내게 와서 매 주일 오후에 집에 가서 그동안 내게 배운 것을 자기 부모에게 읽어주도록 허락해달라고 요청했습니다. 물론 나는 기쁜 마음으로 허락했습니다. 그래서 그 학생은 매 주일 마가복음과 요한복음, 그리고 노래책을 가지고 자신이 배운 것을 부모에게 전하고 있습니다. 최근 알게 된 사실인데 이 학생이 자기 부모에게만 전하는 것이 아니라 병원에서 일하는 부인들과 한두 명 환자들, 그리고 어떤 때는 방문객까지 와서 그가 전도하는 것을 듣는답니다. 아시겠지만, 이 학생은 스스로 임명받은 전도부인이 된 셈입니다.[57]

---

56 *WFMS*, 1889, p. 67.

57 *WFMS*, 1889, p. 67.

메리 스크랜튼의 말대로 이화학당 학생 '순이'는 '스스로 임명한 전도부인(self-appointed Bible woman)'이 되어 자기 부모와 병원(보구여관) 직원과 환자들에게 복음을 전했다. 그리고 이것이 계기가 되어 선교사들은 1889년 11월부터 본격적으로 병원 전도 사역에 착수했다. 메리 스크랜튼의 1890년 선교보고다.

> 지난[1889년] 11월부터 병원에서 전도 사역을 시작했습니다. 우리는 병원에서 상황이 허락되는 한 여성들에게 [성경을] 읽어주거나 대화를 했습니다. 진료가 아닌 일로 반시간 이상 여성들을 가르친다는 것은 흔치 않은 일입니다. 이 분야 사역은 전망이 좋습니다. 새 선교사들이 온다면 우리는 '모든 분야에서 해온 사업을 보강하고 새로운 사업을 개척해나갈 수 있을 것으로' 기대합니다.[58]

스크랜튼의 전망대로 병원 전도 사역은 활기를 띠며 좋은 결과를 가져왔다. 1887년 내한해서 보구여관 문을 열었던 하워드가 2년 만에 질병으로 귀국하여 병원이 위기에 처했지만 아들 스크랜튼이 병원을 계속 돌보다가 1890년 10월, 셔우드(R. Sherwood)가 와서 병원을 맡음으로써 보구여관은 예전의 활기를 되찾았다. 셔우드는 도착 즉시 토착 여성 의료인 양성에 특별한 관심을 갖고 이화학당 출신 중에서 간호사 후보생을 골라 의료 교육을 시켰는데, 이때 메리 스크랜튼의 '양딸'인 여메레가 그 교육을 받고 보구여관 간호사 겸 전도부인으로 활약하기 시작했다.[59] 이런 식으로 스크랜튼의 '양딸'로서 이화학당 교사와 전도부인

---

58 *WFMS*, 1890, p. 53.

으로 활약한 이경숙(李卿淑)이 있다. 충남 홍주에서 가난한 선비 딸로 출생했으나 결혼에 실패하고 서울에 올라와 남의집살이를 하면서 바느질과 빨래일로 연명하던 그가 메리 스크랜튼의 어학 선생 소개로 1890년 처음 대면했는데, 그 일에 대한 이경숙의 증언이다.

> 로부인[메리 스크랜튼]은 나를 반겨 마즈며 처음 보는 사람이로되 친절한 태도는 오래동안 사괴어 아는 이보다도 대단하엿다. 나는 그날 밤 로부인 집에서 잣다. 아츰에 니러나니 로부인은 여러 가지 음식을 풍성히 처려놋코 내게 만히 먹기를 권고하엿다. 그러나 친척들의 굶주림을 생각하니 목이 메이고 눈물이 압흘 가리워 그 맛잇는 음식을 먹을 슈 업셧다. 죠반 후에 로부인은 나를 자긔 슈양딸로 정하고 새 옷을 만히 주엇다. 나는 그때부터 로부인의 수양딸이 되어 그의 사랑을 온몸에 짊어지고 그 집안 일도 도아쥬고 학교 일도 맛하보게 되엿다.[60]

이경숙은 어려서부터 '언문'(한글)을 깨우친 관계로 메리 스크랜튼은 그를 '언문 교사'로 채용하여 1890년 4월부터 이화학당에서 가르치게 했으니 이화학당의 '한국인 최초 교사'라는 명예를 얻게 된 것이다. 이런 식으로 메리 스크랜튼은 사회와 가정에서 가난하고 버림받은 소녀와 여인들을 '양딸(adopted daughter)'로 삼아 교사와 전도부인으로 훈련시켜 남을 가르치고 지도하는 여성 지도자로 육성했다.

---

59 여메레는 1872년 마산에서 출생했으나 부모가 메리 스크랜튼에게 '버리다시피' 맡긴 아이로서 이화학당에서 교육을 받은 후 한국 감리교 여선교회 초기 역사에서 뛰어난 활약을 보인 인물이다. '메레'는 그가 세례를 받으면서 얻은 '메리(Mary)'의 한자 음역으로서 두 번 결혼했는데, 미국식으로 남편 성을 따서 '황메레', '여메레 황씨', '양메레'라고 불리기도 했다. 이덕주, 『새로 쓴 한국교회 처음 여성들』, 홍성사, 2007, 46-56면.

이처럼 전도부인과 교사들을 통해 추진할 여성 교육과 전도 활동에 필요한 것이 '한글 전도 문서'였다. 한글은 세종대왕 때 창제되기는 했지만 조선시대 양반 지식인층이 외면함으로써 '암클', 혹은 '언문(諺文)'이라 불리며 천대를 받았다. 결국 '여성의 글'로 인식된 한글을 통해 여성들에게 접근하는 것이 여성 선교의 핵심 과제였고 그러기 위해서는 한글 전도 문서가 필요했다. 메리 스크랜튼은 한글 기독교문서 출판의 시급함을 1889년 선교보고에서 이렇게 강조했다.

> 여러분이 파송한 선교사들이 이곳에서 아주 불리한 환경에서 사역하고 있습니다. 성경도 없이, 사전이나 문법책도 없이 심지어는 이곳 백성들 손에 들려줄 작은 전도 책자도 없는 상태에서 일을 시작해야만 합니다. 그래도 손에 잡히는 것은 한문책뿐인데 그것은 고급 교육을 받은 소수 사람들만 읽을 수 있습니다. 이런 상황에서 [한글] 책을 쓰거나 번역이라도 해야 할 것은 더 말할 나위가 없습니다. 이미 우리 남성 선교부에서 한 사람이 이 일을 전담하기로 하여 그가 맡았던 다른 사역들을 면제시켜 주었습니다. 우리 여선교부도 할 수 있는 한 이 분야 사역을 도우려 노력하고 있습니다. 미국에서 뿌려진 작은 전도지들이 얼마나 큰 효과를 가져왔는지 잘 아시는 여러분들이기에 제가 얼마나 간절한 마음으로 한국 부인과 여학생들이 읽을 수 있는 것을 만들어주고픈지 이해하실 것입니다. 책 한 권, 전도지 한 장이 우리가 갈 수 없는 곳까지 갈 수 있기 때문입니다.[61]

---

60 이경숙, "예수는 내 생활의 보혜사", 『승리의 생활』, 조선예수교서회, 1927, 56면. 이경숙은 1890년 9월 세례를 받으면서 '드루실라(Drusilla)'라는 세례명을 받았고, 그래서 선교사 기록에는 '이드루실라(Yi Drusilla)'로 종종 표기되었다.

“선교사가 갈 수 없는 곳까지 갈 수 있는 것”이 문서 선교의 매력이자 장점이었다. 그런 면에서 초기 선교사들은 성경과 쪽복음, 전도 문서를 널리 보급하고자 노력했다. 전도 책자를 무료로 나눠주는 경우도 있었지만 가급적 돈을 받고 팔려고 애썼다. 그것은 책과 그 안에 기록된 말씀을 소중하게 여기도록 유도하기 위함이었다. 문서 사역에 대한 1890년의 메리 스크랜튼 보고에 흥미로운 대목이 있다.

> 우리는 성경문답과 마가복음, 그리고 로스가 번역한 신약전서를 상당량 거저 주거나 팔았습니다. 책을 수백 권씩 뿌리는 일은 아주 쉬운 일입니다. 그러나 우리는 사람들로 하여금 사서 보게 하는 것이 더 좋다고 믿는 바입니다. 우리는 책값을 아주 조금만 받고 있는데 결코 그들이 부담할 수 없는 정도는 아닙니다. 얼마 전 한 부인이 내게 와서 마가복음 한 권을 줄 수 없느냐고 물었습니다. 나는 그에게 성경책은 거저 줄 수 없다고 했습니다. 왜냐하면 성경엔 하나님과 예수 그리스도에 관한 말씀이 들어 있어 아주 귀한 책이므로 그것을 아주 소중하게 다루어야 할 것인데 거저 주면 사람들이 책을 함부로 다룰지도 모르기 때문이라고 했습니다. 그러자 그 부인은 거듭 간청하면서 만약 한 권만 준다면 대단히 소중하게 다룰 뿐 아니라 읽은 후에도 담배를 말아서 피우지 않겠노라 했습니다. 한국 부인들은 담배를 아주 좋아하는데 그렇더라도 높은 사람 앞에서는 절대 담배를 피우지는 않습니다.[62]

이 보고서에 나오는 ‘성경문답(Bible question)’은 메리 스크랜튼의

61 *WFMS* 1889, p. 66.

62 *WFMS* 1890, p. 53.

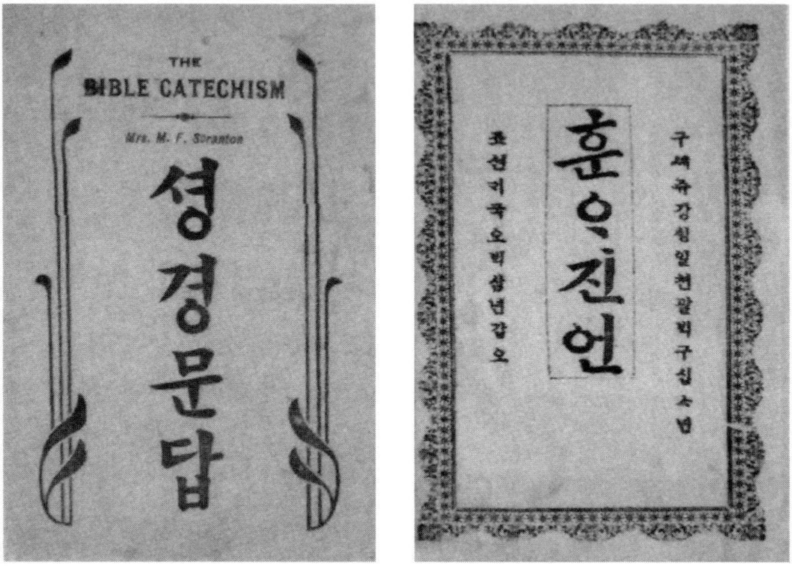

성경문답과 훈ᄋ진언

번역으로 1890년 정동 배재학당 삼문출판사에서 출판한 『크리스도쓰 성교문답』을 의미한다. 이 책은 만주에서 스코틀랜드 선교사 로스(J. Ross)가 1881년 심양에서 인쇄, 출판한 세례문답서 『예수성교문답(Bible Catechism)』을 재번역한 것인데 로스 번역이 '평안도 사투리'로 되어 있어 그것을 '서울 말씨'로 바꾸어 재발행한 것이다. 이 책은 이후 판을 여러 번 바꾸어 인쇄되어 초기 한국 교회 세례문답 교재로 널리 활용되었다.[63] 그리고 1891년에 또 다른 전도 문서, 『훈ᄋ진언』을 번역, 출판했다. 이 책은 매스턴(Masston) 부인이 쓴 *Peep of Day*의 중국어 번역본 『訓兒眞言』(1865)을 메리 스크랜튼이 어학 선생의 도움을 받아 한글로 번역한 것이다. '하나님의 인간 창조'와 '아버지의 자녀 교육', '영혼', '천사', '마귀', '천지창조', '아담과 하와', '하나님의 아들',

'마리아', '예수 탄생', '예수 생애', '십자가', '부활', '승천', '심판' 등 기독교 교리와 가르침을 53가지 주제로 나누어 어린이에게 교훈하듯 서술했는데 그 처음 대목은 이러했다.

> ᄋᆞ희들아 나- 몃귀절 말이 잇ᄉᆞ니 너희ᄂᆞᆫ 됴화 드ᄅᆞ라 너- 뎌 해를 보ᄂᆞ뇨 ᄒᆞ니 이 뉘가 만ᄃᆞ라 하ᄂᆞᆯ 우희 잇게 ᄒᆞ엿ᄂᆞ뇨 하ᄂᆞ님이시니라 너- 능히 뎌 해를 잡겟ᄂᆞ뇨 능히 못ᄒᆞ노라, 뉘가 뎌 해로 하여곰 공즁에 잇서 흔드러ᄂᆞ려오지안케 ᄒᆞᄂᆞ뇨 하ᄂᆞ님이시니라 하ᄂᆞ님이 어ᄂᆞ 곳에 계시뇨 텬당 우희 계시니라 텬당이 엇더한 곳이뇨 텬당이 해에 비하면 더옥 놉고 밝으니라 줄- 능히 하ᄂᆞ님을 보겟ᄂᆞ뇨 능히 못보노라 하ᄂᆞ님이 능히 너를 보시ᄂᆞ뇨 능히 보시ᄂᆞ니라 너희만 보실뿐 아니라 따 아래 모든 물건을 다 보시ᄂᆞ니라.[64]

---

63 이 책은 이후에도 제목을 달리하여 여러 판을 찍었는데 1893년에는 『성교문답』, 1895년 이후에는 『성경문답』이란 제목으로 낸 후 1921년까지 조선예수교서회에서 발행했다. 참고로 로스의 『예수성교문답』과 1895년판 『성경문답』의 본문을 비교하면 다음과 같다.

로스 역 『예수성교문답』(1881년)	메리 스크랜튼 역 『예수성경문답』(1895년)
문: 텬디만물이어드래잇너뇨 답: 하느님이 지여내은거시라 문: 하느님이 뉘뇨 답: 령하고어률업서보디못하니처음과마즈막업고능티아느미업스니하느님의 총명은측냥업서아디못하리라 문: 하느님이 어느곳에잇너뇨 답: 텬하각체여업슨곳이업스니라	문: 텬디만물이엇지써잇ᄂᆞ뇨 답: 하ᄂᆞ님이지어내이신바-라 문: 하ᄂᆞ님은 뉘시오 답: 령하고형용이업서나타나지아니ᄒᆞ시니시종업고능치못ᄒᆞᆫ바-업슨거슨 하ᄂᆞ님의?명이니아지못ᄒᆞᄂᆞᆫ바-업ᄂᆞ니라 문: 하ᄂᆞ님이 어ᄂᆞ곳에게시오 답: 텬디각처에계시지아닌바-업ᄂᆞ니라

구대완, "성경문답", 『한국기독교박물관 소장 기독교자료 해제』, 숭실대학교 한국기독교박물관, 2007, 240면.

64 『훈ᄋᆞ진언』, 1891, 1면.

이렇게 번역한 한글 전도 문서들은 우선 이화학당 교재로 사용되었고 전도부인들을 통해 보구여관과 여성 교회에서 전도용 책자로 널리 사용되었다. 그 결과 서울과 근교에 여성 교인들이 늘어나 1891년 1월에는 정동 이화학당 안에서 모이는 여성 교회 외에 두 곳, 정동 보구여관과 스크랜튼 박사의 상동시약소에서 새롭게 여성 집회를 시작했다.[65] 메리 스크랜튼은 정동의 이화학당과 보구여관 모임은 다른 여선교사들에게 맡기고 '정동 밖'에서 출발한 상동시약소 모임은 직접 관리하며 많은 시간을 할애했다.

이처럼 메리 스크랜튼은 1885년 개척 선교사로 서울 정동에 정착하여 이화학당을 설립하고, 이를 근거로 여성 교육과 복음 전도 사역을 추진하여 여성 교회와 여성 집회를 시작했으며 성경공부를 통해 전도부인을 양성하고 한글 전도 문서를 출판하는 등 다양한 사업을 전개했다. 50대 후반의 나이로 감당하기 힘든 개척 사업이었다. 그러다 보니 건강이 쇠하여 휴식이 필요했다. 메리 스크랜튼은 마침 안식년 휴가를 얻어 1891년 3월, 아들 가족과 함께 미국으로 떠났다. 1885년 내한할 때는 아들 내외와 손녀 한 명이 동행했는데 6년 만에 휴가를 얻어 귀국할 때는 손녀가 두 명(1885년 12월 출생한 Marian Fitch와 1887년 5월 출생한 Katharine Arms)이 더 늘어 스크랜튼 가족은 여섯 명으로 늘어났다.[66]

메리 스크랜튼이 떠난 후 이화학당 일은 로드와일러가 책임을 지게 되었고 1890년 10월에 내한한 셔우드(R. Sherwood)와 벵겔(M. Bengel)이 보구여관과 이화학당에 파견되었으며, 1891년 1월 내한한 루이스

65 *WFMS* 1891, pp. 55-56.

66 Personal Statement of W. B. Scranton for the Missionary Society of the Methodist Episcopal Church, Jan. 19th, 1897.

(Ella A. Lewis)도 이화학당에 합류함으로써 메리 스크랜튼이 떠났어도 이화학당을 중심으로 한 여성 선교는 무리 없이 추진할 수 있었다. 그러나 남은 여선교사들은 '어머니'로서 메리 스크랜튼이 보여주었던 지도력과 영향력의 공백에 적지 않은 두려움을 느꼈다. 그것은 메리 스크랜튼이 떠난 직후 본국에 보낸 로드와일러의 선교보고에 잘 드러난다.

> 우리는 슬픈 마음으로 지난 3월 18일 스크랜튼 부인이 우리 곁을 떠나는 것을 지켜보았습니다. 안타깝게도 휴식과 변화가 필요했던 부인을 떠나보낸 후 그가 함께하면서 들려주었던 조언이 참으로 그리운 요즘입니다. 바라기는 이번 모국 방문이 그의 건강을 회복시켜 그의 복귀를 누구보다 애타게 기다리는 한국 부인과 학생들에게 돌아와 도움을 줄 것으로 기대해 마지않습니다.[67]

그러나 메리 스크랜튼 없어도 이화학당과 여성 선교 사역은 차질 없이 진행되었으니, 개척 선교사가 조성한 선교 기반이 그만큼 튼튼했다는 증거이기도 했다. 메리 스크랜튼의 한국 선교 제1기는 이렇게 성공적으로 마무리되었다.

이화를 통한 기독교 사역자 육성

스크랜튼 가족이 안식년 휴가를 마치고 선교 현장에 복귀한 것은

67 *WFMS* 1891, p. 64.

1892년 5월이었다. 그 사이 여선교사 진용에 변화가 있었다. 보구여관을 맡아 하던 셔우드는 새로 나온 선교사 홀(William J. Hall)과 결혼한 후 평양 개척 선교사로 파송되었고, 벵겔은 인천에서 활동 중인 존스(G. H. Jones)와 결혼하여 떠남으로써 여성해외선교회 소속으로는 로드와일러와 루이스, 그리고 메리 스크랜튼 등 세 명뿐이었는데 로드와일러가 안식년 휴가를 떠남으로 인해 현장엔 메리 스크랜튼과 루이스 두 명뿐이었다. 메리 스크랜튼은 돌아오자마자 현장에 투입되었다. 다행스러운 것은 그가 없는 동안 이화학당과 여성 교회가 위축됨이 없이 꾸준하게 발전했다는 점이었다. 특히 정동 여성 교회는 교인 40명 수준을 유지하고 있었다. 교회 재적 인원은 휴가를 떠나기 전과 차이가 없었지만 교인들의 신앙 수준과 내용은 눈에 띄게 발전해 있었다. 귀환 직후 보낸 메리 스크랜튼의 1892년 선교보고다.

> 얼마 전 아주 귀중한 집회를 했습니다. 제가 보기에 요즘 우리는 그 어느 때보다 전망이 밝은 시기를 맞고 있습니다. 분명한 것은 축복의 성령께서 역사하셔서 의와 심판의 죄를 깨닫게 해주고 계시다는 것입니다. 성령께서는 그리스도를 영접한 이 사람들의 양심을 깨우치시어 그들 안에 있는 악한 것들을 들춰내고 계십니다.[68]

여성 교인들의 회개는 그들이 기독교 신앙의 본질에 접근하고 있음을 보여주는 예였다. 이렇게 회개하고 믿기로 결심한 새로운 여성 교인 20명이 나와 그들은 한국선교연회를 주관하기 위해 내한한 맬럴류

---

68 *WFMS* 1892, p. 83.

(Mallalieu) 감독에게 세례를 받았으니[69] 양적으로나 질적으로 성장한 여성 선교의 단면을 보여주는 예가 되었다. 여성 교인들의 신앙 열심은 주일 예배 외에 주일학교 참석에서도 드러났는데 매주 적게는 10명, 많게는 100명까지, 평균 45명이 참석하여 1년 총 누계가 2,458명에 달했다. 여성 교인들의 집회 참석 열정을 메리 스크랜튼은 이렇게 보고했다.

> 주일 집회에 관하여는 여름에는 장마와 진흙탕 길 때문에 집회 참석이 줄어드는 것이 전례인데 금년에는 장마 전보다 더 늘어났습니다. 내가 돌아온(5월) 후 한 여성은 매 주일 3마일을 걸어서 주일 아침 예배에 참석했으며 그와 같은 집에 사는 여인은 두 번 빠지고 매주 참석했습니다.[70]

여성 교회가 이처럼 활기를 띠고 있는 것과 달리 이화학당은 재학생 25명 수준의 현상을 유지를 하면서도 새로운 문제로 도전을 받고 있었다. 그것은 결혼으로 인한 학생 유출 문제였다. 메리 스크랜튼은 1892년 선교보고에서 그 문제를 언급했다.

> 요즘 나는 조혼 문제 때문에 상당히 곤란을 겪고 있습니다. 이제 막 배우기 시작한 우리 학생들 가운데 적어도 세 명은 곧바로 우리를 떠나야만 하는데 결혼 상대를 자신들이 고르지 않은 것은 물론, 그 남편들은 기독교인과 결혼하기를 바라지 않기 때문입니다. 그러나 하나님께서는 이 학생들에게 지금까지 기울인 공이 헛된 것이 되지 않도록 당신의 사역을

69 *WFMS* 1892, p. 83.
70 *WFMS* 1892, p. 84.

계속 돌아보실 것입니다.[71]

초기 이화학당은 별도의 졸업식 없이 결혼이 곧 학교를 떠나는 의식이 되었다. 따라서 한창 배워야 하는 10대 초중반에 집안 어른의 강요로 결혼하면서 학교를 떠나야 하는 학생들을 바라보는 메리 스크랜튼의 심정이 밝을 수만은 없었다. 부족했던 교사 진용은 1893년에 로드와일러가 귀환하고 새로이 젊고 유능한 교육자 페인(J. Paine)과 프라이(L. A. Frey), 해리스(M. W. Harris) 등이 내한하여 보완되었고 병원 사업을 할 의사로 커틀러(M. M. Cutler)까지 합류하면서 정동 여선교부는 활기를 띠게 되었다. 그러나 이화학당 학생 가운데 변동이 많았으나 한 명은 질병으로, 세 명은 결혼으로, 두 명은 사회적 혼란 때문에 두려워 학교를 떠났다. 다행히 새로 들어온 학생들이 많아 재학생 35명 수준을 유지했지만 학교 안의 불안한 분위기는 가시지 않았다.[72]

그러나 이런 상황에서 메리 스크랜튼은 이화학당을 좀 더 '기독교적인' 분위기로 바꾸어나갔다. 그것은 교과목 변동에서 나타났는데 그동안 가르치던 한문 과목의 교사를 구할 수 없어서 한문 과목을 포기하고 대신 성경 과목을 강화했다. 그 결과 메리 스크랜튼은 "우리 학교는 그 핵심에 있어 성경 학교(Bible school)가 되었습니다. 물론 학생들에게 다른 과목들도 가르칩니다만 성경이 가장 기본적인 것이 되었습니다"라고 밝히면서 "어두운 땅을 비치는 빛이 그 어느 때보다 더욱 널리 퍼져 나가고 있다"고 단언했다.[73] 그가 이처럼 단언할 수 있었던 것은 이화

71 *WFMS* 1892, p. 83.

72 *WFMS* 1893, p. 78.

73 *WFMS* 1893, p. 78.

학당 재학생과 졸업생들이 '기독교 사역자(Christian worker)'가 되어 전도 사역에 본격적으로 임하는 모습을 본 때문이었다.

> 우리 학생 중 다른 한 명은 상당 기간 우리 병원 조수로 활동했는데, 그는 이런 일을 좋아할 뿐 아니라 본래 성품은 역겨운 것을 싫어하는 것임에도 예수님 때문에 이 모든 일을 하겠다는 결심으로 임했습니다. 그는 바로 며칠 전에, "일을 계속 할 수 있었던 것은 예수님을 계속 생각했기 때문입니다. 일을 감당하기 어려울 때면, 예수님께서 이 세상에 오셔서 자기에게 오는 모든 이들을 고쳐주셨다는 점을 생각하면 힘이 나서 내가 해야 할 일을 다 할 수 있었습니다"라고 말했습니다. 우리는 주일에 실시하는 종교 교육의 상당 부분을 이 학생에게 맡겼습니다.[74]

이처럼 병원에서 헌신적으로 사역한 학생의 이름은 '에스터'였다. 그의 활약은 선교사들에게 감동을 안겨주었다.

> 내 생각에 여기 우리 에스터(Esther)만큼 열성과 정성을 다해 말씀을 전하는 같은 연배의 소녀를 본국[미국]에서는 찾아볼 수 없을 것 같습니다. 에스터는 아직 어리지만 우리가 보내는 곳이면 밤이든 낮이든 가리지 않고 회색 쓰개치마를 입고 달려갑니다. 어떤 때는 거리를 지나가다가 봉변을 당하기도 하는데 예수님을 위해 당하는 것이라 생각하고 괘념치 않는다고 합니다. 바로 얼마 전 내게 편지를 보냈는데 이렇게 쓰여 있었습니다. "우리 백성이 예수님을 믿게 된다면 얼마나 기쁘시겠습니까?

---

74 *WFMS* 1893, p. 79.

저도 기쁩니다. 그 기쁨이 얼마나 큰지 말씀드리기 어렵군요. 언제까지든 예수님을 위해 내가 최선을 다해 일하고 싶습니다."[75]

이화학당 졸업생 중에도 전도부인과 교사들이 나오기 시작했다.

2년 전에 결혼하면서 우리 학교를 떠났던 부인 한 명이 전도부인이 되어 우리 병원에서 금년 내내 사역했습니다. 그는 매일 오후 병원 환자들을 모아놓고 자기 책을 가지고 들어가 예수님과 그의 사랑에 관한 이야기를 들려주었습니다. 그 방법이 아주 고상하면서도 효과적이어서 우리는 그의 사역이 하나님의 은총 안에서 이루어진 것임을 믿어 의심치 않습니다. 그는 사역에 온 정성을 바치고 있으며 자기 말을 듣고 누구 한 사람이라도 믿기로 작정을 하면 마치 '엄청난 보물이라도 얻은 것처럼' 기뻐합니다. 지난 2월에 결혼한 학생들 가운데 또 한 명이 우리 볼드윈 시약소에 배치되어 있는데 그는 그곳에서 우리 의사 통역으로 일하면서 말씀을 듣고 싶은 사람들에게 전도를 하고 있습니다. 이들 부부가 바라는 것은 오직 한 가지, 자기 백성을 그리스도께로 인도하는 것이랍니다.[76]

---

75 *WFMS* 1893, p. 79. 여기에 언급하고 있는 '에스터'는 정동선교부에서 일하던 김씨의 딸 김점동을 의미하는데, 세례받으면서 '에스터'라는 세례명을 얻었고 역시 같은 정동선교부에서 일하던 박유산과 결혼하면서 '박에스터'라는 이름으로 알려진 초기 여성 지도자이다. 그는 셔우드 홀 부인에게 간호사 교육을 받고 보구여관 간호사 겸 전도부인으로 활약했으며, 1894년 홀 부인의 주선으로 미국에 유학, 1900년 볼티모어여자의과대학을 졸업하고 한국인 최초의 여성 의사가 되어 귀국한 후 서울 보구여관과 평양 기홀병원에서 의사로 활약했다. 이덕주, 『새로 쓴 한국교회 처음 여성들』, 57-66면.

76 *WFMS* 1893, pp. 78-79.

한국인 최초 여성 의학박사(MD) 박에스터(좌)와 최초 문학사(BA) 학위를 받은 하란사(우)

이화학당 학생 에스터도 그러했지만 졸업생 전도부인의 소원도 "우리 백성이 예수 그리스도를 믿고 구원받는 것"이었다. 이 무렵 스크랜튼 부인의 이화학당 첫 '영구 학생'이었던 졸업생도 전도사와 결혼하여 남편과 함께 목회 사역에 임하고 있었다.[77] 이들 이화 졸업생들은 이화학당에서 배운 지식과 신앙을 이웃 여성에게 전하고 나누었다. 이런 식으로 이화학당은 전도부인으로 상징되는 '여성 전도자(woman preacher)'를 배출하고 있었다.

77 *WFMS* 1893, p. 79.

동대문과 인천 선교

1893년 보고에서 이화학당 졸업생이 전도부인으로 사역했다는 '볼드윈시약소(Baldwin dispensary)'는 안식년 휴가를 다녀온 직후 메리 스크랜튼이 중점적으로 추진했던 서울 동대문 지역 여성 선교의 구심점이었다. 앞서 살펴보았듯이 스크랜튼 박사가 '선한 사마리아인 병원' 계획에 의거, 동대문 성벽 안쪽 언덕에 시약소 부지를 마련한 것은 1889년 9월이었다.[78] 그러나 이곳의 시약소 사업은 여러 가지 이유로 지연되다가 스크랜튼 박사가 안식년 휴가를 다녀온 1892년 5월 이후에야 본격적으로 추진되었다. 즉 스크랜튼 가족이 한국 선교사로 오기 전에 살았던 클리블랜드 교인 볼드윈(L. B. Baldwin) 부인이 여성해외선교회를 통해 보내온 선교기금으로 동대문 안 부지를 확장하고 시약소와 예배당 건물을 마련하면서 볼드윈시약소, 볼드윈예배당(Baldwin chapel)이라 명명한 것이다.[79] 볼드윈시약소가 마련됨으로써 정동에 있던 보구여관을 동대문으로 옮기고 새로 나온 커틀러가 책임을 맡았는데 후에(1912년) 현대식 건물을 마련한 후 그 이름을 '동대문부인병원(Lillian Harris Memorial Hospital)'으로 바꾸었다.[80] 이처럼 스크랜튼 박사가 볼드윈시약소와 볼드윈예배당을 중심으로 동대문 지역 선교에 힘을 쏟자 어머니 메리 스크랜튼도 동대문 지역 여성 선교 개척에 적극 참여했다. 그의 1893년 선교보고다.

---

78 W. B. Scranton's letter to Bishop C. H. Fowler, Sep. 3, 1889.

79 W. B. Scranton's letter to Dr. A. B. Leonard, Dec. 21, 1892; *ARMEC* 1893, p. 252.

80 E. Roberts, "Medical Work in Korea", *Fifty Years of Light*, Woman's Foreign Missionary Society of the Methodist Episcopal Church, Seoul, 1938, p. 7.

볼드윈시약소(1892)

지난 해[1892년] 9월, 우리 선교부로부터 3마일 정도 떨어진 서울 동부 지역에서 우리 사역을 시작했습니다. 일꾼이 적은데다 더위와 추위, 먼지와 진흙길을 무릅쓰고 시내 한복판을 가로질러 가는 것이 대단히 힘든 일이었음에도 감사하게도 우리는 일을 시작할 수 있었는데 시내 안에서 우리가 기대했던 것 이상의 결과를 얻게 됨으로 크게 고무되었습니다. 첫 집회를 남성 선교부 소유로 되어 있는 작은 집에서 가졌는데 스크랜튼 박사가 남성들은 집 밖에서, 여성들은 베란다와 정원 안에서 예배를 드리도록 만들었습니다. 그 집은 너무 좁아 모든 교인이 들어갈 수 없었는데 감사하게도 성탄절에는 비록 작지만 볼드윈예배당을 마련해서 그곳에서 예배를 드릴 수 있었습니다. 아직 공사가 끝나지 않아 환경이 어지러웠지만 우리에게 그 예배당은 여느 대성당 못지않은 훌륭한 공간이었습니다.[81]

동대문에서 처음 열린 집회는 남성들은 집 바깥마당에서, 여성들은 집 후원과 방 안에서 나누어 드렸는데 집회를 시작한 후 참석자들이 급증하여 적을 때는 20명, 많을 때는 200명까지 몰려와 장소가 비좁게 되었다. 이에 볼드윈 부인의 헌금으로 벽돌 예배당을 건축하고 1893년 성탄절부터 새 예배당에서 집회를 가졌는데, 메리 스크랜튼은 처음으로 남녀 공동 예배를 시도했다.

> 우리는 남녀가 한 건물 안에서 예배를 드리는 것을 시도해보기로 하고 방 한가운데 종이 문으로 칸막이를 만들고 남자와 여자를 각기 다른 쪽에 앉도록 했습니다. 그 결과 남자와 여자는 다른 문으로 들어와 다른 자리에 앉지만 모두 설교자는 볼 수 있도록 했습니다. 지금도 종종 여자 쪽에서 외국인 남성의 얼굴을 보고는 기겁을 하고 도망치는 경우가 있기는 하지만 이런 시도는 성공적이어서 바라기는 남성 선교부 쪽에서도 정동에 예배당을 지을 때 이런 식으로 짓기를 기대합니다.[82]

강대를 중심으로 예배당을 가로질러 종이 문으로 칸막이를 설치한 후 '여자와 남자가 한 지붕 아래서' 예배를 드리게 되었는데 결과는 성공적이었다. 스크랜튼 박사의 증언처럼, 새 예배당에서 남녀가 함께 예배를 드리기 시작한 이후 "사람들이 너무 많이 와서 반 정도는 창문과 방문 밖에서 예배를 드려야 할 정도"가 되었다.[83] 실험적으로 실시한 남녀 공동 예배는 동대문교회 부흥을 가져왔을 뿐 아니라 남녀차별의 봉건적

---

81 *WFMS* 1893, p. 80.
82 *WFMS* 1893, p. 80.
83 *ARMEC* 1893, p. 252.

구조를 타파하고 '양성 평등'을 구현하려는 메리 스크랜튼의 선교 의지를 성공적으로 수행했다. 그리고 메리 스크랜튼이 기대한 것처럼 정동교회도 10년 가까이 배재학당과 이화학당에서 남녀 별도로 집회하던 '유랑시대'를 마감하고 1897년 12월, 정동에 새 예배당을 마련한 후 동대문교회처럼 예배당 가운데 칸막이를 설치하고 남녀가 함께 예배를 드리기 시작했다.

이처럼 동대문 사역을 성공적으로 추진한 메리 스크랜튼은 1893년부터 선교 영역을 '서울 밖'으로 확장하여 지방 선교에 본격적으로 착수했다. 그 첫 대상이 인천이었다. 인천은 모든 선교사들이 서울에 들어오면서 거쳐야 했던 '선교의 관문'이었는데 지역적 중요성을 감안하여 미감리회 선교부에서는 1887년 올링거와 노병일을 파송하여 전도하게 함으로 선교 사역에 착수했다.[84] 그러나 전도 결과는 실망적이어서 6년이 지났어도 10명 미만의 교세를 근근이 유지할 뿐이었다. 이에 메리 스크랜튼은 답보 상태에 빠진 인천 선교를 지원하기로 결심하고 1893년 5월, 정동교회 교인 '이씨 부인'을 인천에 파송했다. 그의 1893년 선교보고다.

> 지난[1893년] 봄, 남성 선교부에만 일을 맡기지 말고 하나님의 구원이 온 가족에 임할 수 있도록 우리도 특별한 노력을 기울이기로 결정했습니다. 그래서 5월에 우리는 그곳 부인들의 마음을 얻을 수 있는 인물로 이씨 부인을 선발해 보냈는데 일을 잘했습니다. 이씨 부인은 한 달 조금 넘게 그곳에 머물면서 40명 정도의 부인들을 만나 성심을 다해 말씀을 전

84 *ARMEC* 1887, pp. 316-317.

했습니다. 그중엔 이미 남편이 교회에 나오고 있는 집 부인도 서너 명 있었는데 이 부인들도 지금은 교회에 출석하는 교인이 되었습니다.[85]

'이씨 부인'의 '한 달' 전도로 3-4명 교인을 얻음으로써 자신감을 얻은 메리 스크랜튼은 개인적으로 성경을 가르치며 전도부인으로 훈련시켰던 백헬렌을 인천에 내려보내 인천 담당 선교사로 부임한 존스의 부인이 설립한 매일학교 교사 강재형(姜在衡)의 아내 강세실리아와 함께 전도하도록 했다. 개성 출신으로 남편과 사별 후 어려운 생활을 하다가 서울로 올라와 메리 스크랜튼을 만나 성경을 배우고 전도부인이 된 백헬렌은 뛰어난 지혜와 열정으로 남성들도 열지 못했던 인천 선교의 문을 열었다.[86] 메리 스크랜튼의 증언이다.

헬렌은 그곳에 내려가 이웃집들을 방문하면서 부인들에게 그가 배운 바 고귀한 진리를 소개하고 예수님에 대해 더 알고 싶으면 금요일이나 주일 저녁에 강씨 부인 집으로 오라고 했습니다. 그의 사역이 성공적이었으나 오래지 않아 많은 의심을 받았습니다. 그래서 전략을 세웠습니다. 서울까지 (27마일을) 걸어와서 자신의 신분을 보증해줄 수 있는 물건들을 사가지고 내려가서 사역을 재개했습니다. 헬렌은 지금 방물장수가 되어 집집마다 다니며 여인들에게 필요한 물건을 팔고 있는데 그 때문에 부인들이 그를 다시 만나고 싶어할 정도가 되었으며 그는 자신에게 맡겨진 하나님 일을 결코 잊은 적이 없이 부인들과 대화를 나누고 있습니다. 그 방법은 아주 성공적이어서 부인들 사이에 기독교에 대한 관심

---

85 *WFMS* 1893, p. 81.

86 "The Tide", *Fifty Years of Light*, p. 34.

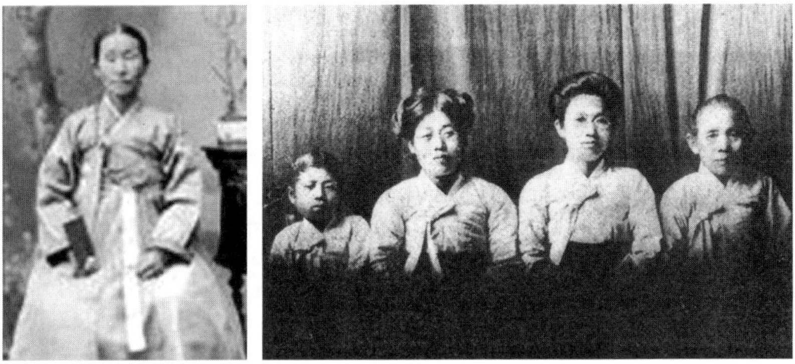

인천 지방 전도부인 백헬렌(좌)과 수원 지방 전도부인 김사라 가족(우)

> 이 고조되었고 그 결과 상당히 많은 여인들이 더 많은 가르침을 받으려고 세실리아의 집, 그리고 예배당을 찾아 나오고 있습니다.[87]

백헬렌이 합류한 1893년 이후 인천 교인들이 늘어나 두세 명이던 교인이 1893년에 32명으로 늘어났으며 청일전쟁을 거친 후인 1896년에는 96명, 1898년에는 507명으로 폭발적인 성장을 이룩했다.[88] 이처럼 백헬렌이 기초를 닦은 인천 지역 여성 선교는 이후 존스 부인과 밀러(L. Miller), 힐먼(M. R. Hillman) 등이 담당하며 지속적인 발전을 이룩해 나갔다. 이처럼 인천 지역 선교가 성공적인 결과를 얻게 되자 용기를 얻은 메리 스크랜튼은 1894년 지방순회 전도여행을 시도했다. 그로서는 선교사로 내한한 후 처음 실시하는 지방여행이었다. 그는 '청일전쟁이

---

87 *WFMS* 1893, p. 81. 이 글에 나오는 '이씨 부인'이 메리 스크랜튼의 '양녀'로서 이화학당 교사로 있던 이경숙을 의미하는지 여부는 확실치 않다.

88 *Minutes and Reports of the Korea Mission of the Methodist Episcopal Church*(이하 KMEC), 1893-1899.

터지기 3개월 전' (1894년 3월) 전도부인 이경숙과 함께 수원과 오산, 이천 지역을 순회하며 6백여 명에게 전도했는데, 전도여행을 다녀온 소감을 1894년 선교보고에서 이렇게 소개했다.

> 내가 방문한 몇 곳은 주민들이 서양 여성을 처음 보았다고 합니다. 내 주위로 군중들이 몰려들었는데 내가 전하는 복음에 관심을 갖고 귀를 기울이는 이들도 많았습니다. 어떤 이들은 "오늘부터 가르치신 대로 살겠습니다"라고 했습니다. 불쾌한 일도 적지 않게 당했습니다. 숙소는 지저분했고 많은 경우 이가 득실거렸습니다. 사람들 입은 옷이 아주 더러웠는데 마치 결혼식이나 생일 같은 축일이 아니면 깨끗하게 입을 필요가 없다고 생각하는 것 같았습니다. 그런 중에도 적지 않은 사람들이 이런 무지와 비천한 생활에서 벗어나고 싶어하는 것을 보고 희망을 읽었습니다. 그래서 가는 곳마다 죄로부터의 구원뿐 아니라 더러움으로부터도 구원을 받으라고 설교했습니다. 이 두 가지는 함께 가야 하는 것이기 때문입니다.[89]

위생과 환경이 열악한 시골을 다니면서 메리 스크랜튼이 전한 메시지는 '죄로부터의 구원(salvation from sin)'과 '더러움으로부터의 구원(salvation from dirty)'이었다. 당시 시골의 불쾌한 주거 환경은 선교여행에 동행했던 이경숙의 증언에서도 확인된다.

> 그때 내가 그와 갓치 순행하여 다니던 곳은 수원, 오미, 장지내, 덕고

89 *WFMS* 1894, p. 65.

개, 오천, 해미, 덕산, 려주, 리천 등지엿다. 수원에서 처음 전도할 때 일이다. 어느 주막집에 안저 하로 동안에 큰 궤쟉으로 한 궤쟉이나 되는 교회서책을 다 팔고 그 쥬막은 너무 누추하야 류숙할 수가 업습으로 숙소를 구하더니 그 고을 군수가 우리 일행을 위하야 사청을 치워주는지라. 사청도 더럽기는 쥬막집과 일반이요 바람벽에 춤 뱃고 코 푼 흔적을 보면 구역이 나게 되얏는대 그런 즁에도 구경군이 전후에 옹위하야 손가락으로 문구멍을 뚜러놋코 조석 때가 되어도 가지안코 음식 먹는 구경을 하고 잠 잘 때가 되어도 가지 안코서 잇스니 괴로움이 극심하엿섯다.[90]

토착 전도부인에게 "구역이 날" 정도였다면 외국인 선교사에겐 어떠했을지는 짐작이 간다. 이처럼 열악한 환경을 마다하지 않고 다니면서 한국인들이 자는 집에서 잠을 자고, 한국인들이 먹는 음식을 먹으면서 전도하는 메리 스크랜튼의 모습에서 '낮은 자리'로 임하는 그리스도의 겸비를 읽을 수 있다. 그런 중에도 선교사는 무례한 구경꾼들에게 시달리는 전도부인을 보호하고 지키려 노력했다. 이경숙의 계속된 증언이다.

사람을 맛나야 전도를 하는 것이리만은 호흡을 통하지 못하도록 사람이 종일토록 웨워싸 잇스니까 뭇는 말을 대답하랴 전도하랴 나는 입쌀이 타서 견대기 어렵게 되엿다. 그래서 로부인[스크랜튼]은 나를 위하야 걱정하며 군중의게 말하기를 경숙이가 죽게 되엿스니 좀 도라감이 죠켓다고까지 하엿다. 우리가 처음 도라다닐 때는 집들이 심히 누추하야 움속갓드니 위생에 대한 말을 만히 하엿더니 그 후로 두 번 갓슬 때에는 처음

90 이경숙, "예수는 내 생활의 보혜사", 58면.

보다 매우 깨끗하여졋고 세 번째 갓슬 때에는 교회 설립된 곳도 잇셧스며 네 번 째는 교우 집치고 몹시 누추한 집이 별로 보이지 안앗다.[91]

이런 식으로 처음엔 힘들었지만 방문할 때마다 바뀌고 나아지는 토착민과 교인들 모습에서 선교사와 전도부인은 보람과 용기를 얻었다. 메리 스크랜튼의 선교 목적은 단순히 교인을 만드는 것에 그치지 않고 토착 여성들로 하여금 복음 안에서 발견한 변화와 개혁의 원리를 자신과 가족과 사회에 적용하여 봉건적이고 낡은 질서와 환경을 근대적 개화 질서와 환경으로 바꾸어 나가도록 돕는 데까지 나아갔다. 이는 그를 비롯한 초기 감리교 여선교사들이 지향했던 바, '좀 더 나은 한국 여성(better Korean woman)'을 만들기 위한 시도였다.

상동교회 달성회당 건립

앞서 언급한 것처럼 스크랜튼 박사는 '선한 사마리아인 병원' 계획의 일환으로 서대문 밖 애오개와 동대문에 이어 1889년 여름, 남대문 안 시장 언덕에 시약소 부지를 확보했다.[92] 그리고 1890년 의료 선교사 맥길(W. McGill)을 그곳에 보내 한옥을 개조한 시약소를 열고 진료와 함께 전도인 노병일을 파송하여 주민들에게 복음을 전하기 시작했다. 이렇게 시작한 상동시약소는 처음 8개월 동안 2천 명을 진료하는 성과를 얻었으며 맥길이 1892년 원산 개척 선교사로 파송되어 떠나고 대신 안식년

91 이경숙, "예수는 내 생활의 보혜사", 58-59면.

92 W. B. Scranton's letter to Bishop C. H. Fowler, Sep. 3, 1889.

상동시약소

휴가를 마치고 돌아온 스크랜튼 박사가 상동시약소 일을 맡게 되었다.[93] 스크랜튼 박사는 1889년 상동 부지를 확보할 때부터 그곳을 정동에 이은 두 번째 서울 선교 기지로 삼으려고 계획하고 있었다. 그는 먼저 정동에 있던 시병원을 그곳으로 옮겨 종합병원으로 육성할 생각을 갖고 있었다. 주변 선교사들이 치안이나 위생 환경에서 정동보다 열악한 상동을 택한 이유를 물으면 "민중이 있는 곳이기에(where people are)"라고 대답할 정도로[94] 그는 민중지향적 선교에 관심이 깊었다.

이처럼 스크랜튼 박사는 안식년 휴가를 마치고 귀환한 후 상동을 새로운 사역의 중심지로 삼았고 그곳에서 의료 사업과 함께 복음 전도 기지로 삼아 본격적인 교회로 발전시키려는 의도를 갖고 있었다. 그런데 목회 분야는 그의 의도처럼 쉽게 풀리지 않았다. 상동 지역엔 노병일이

---

93 *ARMEC* 1892, pp. 289-290.

94 *ARMEC* 1893, p. 255.

전도하여 얻은 교인 서너 명이 있었으나 모두 남성들로 그 아내와 어머니는 교회 출석을 하지 않고 있었다. 이에 아들 스크랜튼은 어머니에게 도움을 요청했고 메리 스크랜튼은 기꺼이 아들의 상동 목회에 동참했다. 스크랜튼 박사의 1894년 선교보고다.

> 처음 6개월 동안 사역은 전혀 기대에 미치지 못했습니다. [남자들은 나오는데] 부인과 자녀들이 나오지 않아 교회는 아주 허약했습니다. 그래서 스크랜튼 부인이 지난 봄 이곳으로 거처를 옮겨 우리 교인 두 사람의 아내들이 나오기까지 살기로 결심했습니다. 그런데 부인들은 골치 아픈 자식들 얘기만 하고 합류하려 하지 않았습니다. 그러나 이들도 서서히 설복되었고 지난 8월 마침내 세례를 받았는데 이것을 계기로 여성 사업이 활기를 띠게 되어 교회의 다른 사역들을 앞지르게 되었습니다.[95]

아들의 목회를 돕기 위해 메리 스크랜튼이 정동에서 상동으로 거처를 옮긴 것이다. 상동 집의 환경이나 규모가 정동에 비해 상당히 열악했음은 물론이다. 그 과정을 곁에서 지켜보았던 힐먼의 증언은 좀 더 구체적이다.

> 그[메리 스크랜튼]는 서울의 세 군데 큰 교회에서 여성 사역을 시작했다. 그중 제일 마지막이 상동이었다. 이 교회는 남자 다섯 명으로 시작했다. 여인들은 오려 하지 않았다. 이 남성들은 스크랜튼 부인을 찾아와 자기 집안 여인들이 교회에 관심을 갖고 나오게 해줄 수 없느냐고 물었

95 *ARMEC* 1894, p. 245.

다. 스크랜튼 부인은 자신의 불편함은 아랑곳하지 않고 선교부에서 나와 지금 교회가 있는 부지의 작은 집으로 옮겨 한 주일 혹은 열흘씩 머물렀다. 호기심의 대상이 되어본 경험이 있던 그는 여인들이 낯선 외국인을 보기 위해 찾아올 것을 알고 있었다. 그리하여 부인들이 나와 주님을 믿게 되었다. 그날로부터 지금까지 상동교회는 여성 교인들로 차고 넘쳤다.[96]

메리 스크랜튼은 아들이 담임한 상동교회에 다니던 남편들의 요청을 받고 그들의 아내와 어머니들을 교회로 끌어내기 위해 정동의 안락한 집을 두고 상동 근처의 좁고 불편한 집으로 옮겼다. 부인들과 '같이 살면서 전도하기'로 한 것이다. 그의 의도는 적중했다. 부인들은 자기 동네로 이사온 서양 선교사를 처음엔 호기심으로 찾아오기 시작했고 대화를 하는 동안 남편과 아들이 믿는 종교에 대한 관심과 이해를 갖게 되었다. 그리고 마침내 교회에 대해 닫혔던 마음 문이 열렸고 남편이나 아들과 함께 교회 출석을 하게 된 것이다.[97]

이처럼 메리 스크랜튼이 집을 옮긴 후, 부인들이 교회에 나오면서 상동교회는 활기를 띠게 되었으니 1년 후(1895년) 메리 스크랜튼의 선교

---

96 M. R. Hillman, "Mrs. M. F. Scranton", p. 13.

97 그런 식으로 남편에게 이끌려 상동교회 교인이 된 경우로 일제시대 절제운동의 손메례(손몌례)를 들 수 있다. 양반 집안 출신으로 본명은 이종규(李貞圭)였는데 남편 손봉순(孫奉順)이 먼저 믿고 상동교회에 출석했지만 그는 남편의 권면에도 교회 출석을 거부하다가 결혼 3년 만인 1906년에야 스크랜튼 목사에게 세례를 받았다. 세례명 '메례'(Mary)를 따라 이름을 '손메례'로 고쳤고, 이후 메리 스크랜튼의 지도를 받으며 진명여학교와 부인성서학원을 졸업한 후 상동교회 전도부인을 거쳐 이화보통학교 교사로 일하다가 1923년부터 절제운동 지도자로 활약했고, 해방 후 정명여자중학교와 서울예술중고등학교(현 예원중고등학교)를 설립했다. 이덕주, 『새로 쓴 한국교회 처음 여성들』, 154-164면.

보고에서 그 결과를 확인할 수 있다.

> 1년 전에 남대문 근처에서 사역을 시작했다고 말씀 드린 바 있습니다. 지난 1년 동안 우리 사역에 대한 주변 주민들의 관심이 급증하여 교인 수는 네 배 이상 늘어났습니다. 그래서 그 많은 사람들을 수용하기는 예배 처소가 좁았습니다. 처음엔 내가 여성들만 따로 만났습니다만 한 1년 전부터 주일에 처음에는 남성들이 회집하는 장소에 붙어 있는 방에 여성들을 앉힘으로 남자와 여자가 서로 볼 수는 없지만 같은 설교자의 설교를 듣도록 했습니다. 그리고 여성들끼리 따로 모여 눈과 귀와 입을 맘대로 할 수 있는 두 번째 집회를 가졌습니다. 지난봄에 이르러 늘어난 교인들로 서서 예배를 드릴 수조차 없는 상황이 되었습니다. 우리로서는 오려고 하는 모든 사람들을 어떻게 받아들여야 할지 고민이 되었습니다.[98]

실제로 상동교회 교인 수는 1894년에 33명이던 것이 1895년 131명, 1896년 186명, 1897년 256명, 1898년 301명으로 급속하게 늘어나 먼저 시작한 정동교회를 앞지르게 되었다.[99] 이처럼 교인 수가 늘어나자 예배 처소가 문제였다. 처음엔 상동시약소 부속 건물에서 예배를 드렸으나 집회 인원이 백 명을 넘게 된 1895년에는 보다 넓은 공간이 필요했다. 그런데 그런 공간이 마련되었다. 계속되는 메리 스크랜튼의 보고다.

> 그런데 다행스럽게도 어느 '한국의 친구'의 주선으로 350명 정도 수용할 수 있는 임시 예배당을 마련할 수 있었습니다. 처음 그 집을 마련했

98 *WFMS* 1895, p. 73.

99 *KMEC* 1893-1899.

을 때는 적어도 2, 3년은 버틸 수 있을 것으로 예상했는데 그 직후 상황을 보니 그보다 일찍 더 큰 예배당을 마련하지 않으면 안 될 것이란 사실을 알게 되었습니다. 이처럼 활기찬 우리 교인들 중 한 명이 얼마 전 내게 와서 이런 예언을 했습니다. 오래지 않아 교회 주변 사람들 모두가 우리 교회에 나오게 될 것이라며 자신은 1천 명이 들어갈 수 있는 예배당을 달라고 기도를 시작했다는 것입니다.[100]

350명을 수용할 수 있는 넓은 예배당이 마련된 것이다. 이런 예배당을 마련해준 '한국의 친구(Friend of Korea)'는 다름 아닌 이 글을 쓴 메리 스크랜튼 자신이었다. 같은 해 미감리회 해외선교회에 제출한 스크랜튼 박사의 선교보고다.

지난 6월까지 병원 자리에 있는 벽돌 건물에서 예배를 드렸습니다. 그런데 교인 수가 늘어나고 의료 사업에도 공간이 필요해서 즉시 뭔가 조처를 취해야만 했습니다. 그러자 스크랜튼 부인께서 사비로 길 건너편 달성이궁(Tal Sungi Kung)에 있는 한옥[자기] 집을 개조하여 임시 예배처소로 꾸몄는데 스크랜튼 부인은 이 집을 선교회에 맡겨 선교회나 상동교회에서 좀 더 유용하게 활용할 수 있기를 바라고 있습니다. 이 집을 포함하여 같은 부지 안에 있는 작은 남학당 건물 수리비까지 포함하여 얼추 800달러가 들었습니다.[101]

메리 스크랜튼인 다시 한 번 '자기희생'의 본을 보여주었다. 1년 전,

---

100 *WFMS* 1895, p. 73.

101 *ARMEC* 1895, p. 244.

상동교회의 여성 신도들을 확보하기 위해 큰 집을 떠나 작은 집으로 옮겼던 메리 스크랜튼은 자신의 전도로 교인 수가 급증하자 살던 집을 350명을 수용할 수 있는 예배당으로 개조하여 교회에 기증한 것이다. 이렇게 메리 스크랜튼 부인이 와서 살다가 예배당으로 개조해서 상동교회에 기증한 집이 있던 '달성이궁'은 스크랜튼 박사가 1889년 마련한 상동시약소에서 길 건너 북쪽에 있던 "남대문 안 달성위궁(達成衛宮)"을 의미했다.[102] 메리 스크랜튼은 조선 중기 이후 왕족과 귀족들이 살던 '달성위궁'의 기와집을 개조해서 예배당으로 기증했고, 그 후에도 그는 계속 예배당 부속 건물에서 살면서 교인들의 '어머니' 역할을 감당했다. 그래서 이후 상동교회가 1900년 다시 상동시약소 자리에 '미드미모리알회당'을 건축하고 옮겨가기까지 교회는 '달성회당', 혹은 '달성교회'라 불렸다.

이처럼 '달성회당'을 마련한 이후 상동교회 교인들의 믿음은 더욱 활기를 띠었다. 특히 메리 스크랜튼의 지도를 받는 여성 교인들의 믿음은 남성들의 그것을 뛰어넘는 감동을 안겨주었다. 예배 출석과 헌금에 대한 여성 교인들의 열정과 열심이 그러했다. 우선 1897년 여성 교인들의 출석 열정에 대한 메리 스크랜튼의 증언이다.

> 달성교회 부인들이 진실된 그리스도인이라 믿을 충분한 이유가 있습

---

102 이경숙, "예수는 내 생활의 보혜사", 59면. '달성위궁'은 조선 중기 문신이자 판중추부사를 지낸 서경주(徐景霌, 1579-1643)가 살던 집으로. 선조 임금의 딸 정신옹주(貞愼翁主)와 결혼하면서 '달성위(達成尉)'에 봉해짐으로 그가 살던 집을 '달성위궁(達成尉宮)'이라 하게 된 것이다. 그 위치는 현재 남대문로 3가 한국은행 본점의 뒤편(북쪽) 언덕 일대로 추정된다. "신경주", 『한국민족문화대백과서전』 11권, 정신문화연구원, 1991, 665면.

> 니다. 물론 우리 교인들 가운데 우리가 기대하는 것과 거리가 먼 이들도 있지만 우리 판단에도 대부분 교인들이 성실한 삶을 살고 있습니다. 무엇보다 정기 예배에 참석하는 열성에서 이들의 믿음을 확인할 수 있는데 아무리 더워도, 날씨가 흐려도 빠지지 않고 참석해서 예배당 공간이 좁을 정도입니다. 몇 주 전에 비가 너무 많이 와서 목사가, "오늘 집회는 없습니다"라고 광고를 했음에도 그날 아침 부인 50명이 성찬대 앞에 나와 꿇어앉아 기도했고 다른 교인도 상당수 회중석에서 기다렸습니다.[103]

다음은 1898년 여성 교인들의 헌금 신앙에 대한 메리 스크랜튼의 보고다.

> 우리 여성 신도들도 교회 운영에 대한 자기 의무를 다하고 있습니다. 지난해 쌀값이 너무 올라 경제적으로 어려움이 많았습니다. 우리 교인들 중에도 어려움을 당한 이들이 많았지만 극빈층일지라도 헌금은 거의 빠지지 않고 했습니다. 대부분 여인들이 5분의 1센트 정도밖에 헌금을 하지 못했지만 이것이야말로 "헌금함을 대하여 앉으신" 주님께서, "저들은 자기의 모든 소유를 넣었느니라"[막 12:44] 하신 것과 같다고 봅니다. 길눈이 어두운 노인 한 분이 밤중에 등불도 켜지 않고 교회에 간다고 아들이 비난하자, "이렇게라도 해서 예배당 촛불 헌금을 마련해야지" 했답니다.[104]

이런 열심과 헌신을 바탕으로 상동교회(달성회당)는 '폭발적으로'

---

103 M. F. Scranton, "Missionary Work among Women", p. 314.

104 *WFMS* 1898, p. 89; M. F. Scranton, "Missionary Work among Women", pp. 314-315.

성장했다. 그리하여 달성위궁에 새 예배당을 마련한 지 1년이 못 되어 교인 수는 300명을 돌파하게 되었고 주일마다 실내 공간이 좁아 마당에 천막을 치고 예배를 드려야 했는데, 특히 여성 신자석이 좁았다.[105] 메리 스크랜튼이 자기 집을 개조해서 350명을 수용할 수 있는 예배당을 만들어 교회에 헌납하자 곧바로 교인 한 명이 "오래지 않아 교회 주변 사람들 모두가 우리 교회에 나오게 될 것이며 1천 명이 들어갈 수 있는 예배당을 달라고 기도를 시작했다"는 예언과 기도가 응답을 받아야 할 처지가 되었다. 스크랜튼 모자로서는 '행복한' 고민이었다.

공옥여학교와 전도부인 양성학원 설립

메리 스크랜튼은 상동으로 활동 근거지를 옮긴 후 달성회당을 건축하는 일 외에 새로운 계획을 또 하나 수립했다. 그것은 상동교회 안에 '매일학교(day school)'를 설립하는 것이었다. 정동에 설립한 이화학당은 전교생이 기숙사에 살면서 교육을 받아야 하는 '기숙학교(boarding school)'였는데 그만큼 비용과 시설이 넉넉해야만 했다. 그런데 메리 스크랜튼이 상동에서 하려는 매일학교는 학생들이 매일 통학하는 학교로서 현재적 개념의 일반 초등학교였다. 그는 이런 학교를 설립하기로 결심하게 된 배경을 1895년 선교보고에서 처음 밝혔다.

우리는 인구가 밀집한 지역 한가운데 살고 있는데 그런 중에 무지 속

---

105 *WFMS* 1896, p. 78; *ARMEC* 1896, p. 238; *KMEC* 1896, p. 28.

에 자라나고 있는 어린 소녀들을 볼라치면 내 마음이 아프기만 합니다. 내가 간절히 바라는 것은 이곳에 우리 교인 자녀들이나 자기 자녀들에게 기독교를 가르치기를 원하는 가정의 자녀들을 위해 매일학교를 하나 설립하는 것입니다. 사용할 교과서는 성경과 교리문답서들입니다. 자기 자녀에게 영어나 한문을 가르쳐주기 바라는 부모들이라면 이화학당에 보내면 됩니다.[106]

메리 스크랜튼이 매일학교를 하려는 이유는 첫째, 상동교회와 시약소 근처, 남대문 일대가 상인이나 민중 계층이 집단 거주하는 곳이라 교육의 혜택을 받지 못하는 어린 소녀들이 많았는데, 이들에게 배움의 기회를 주고자 함이었다. 대부분 빈곤층이었던 상동교회 교인 자녀들이 1차 교육 대상이었다. 둘째는 이 학교에서 영어나 한문 같은 일반 과목보다는 성경이나 기독교 교리 중심의 종교 교육을 실시하여 전도부인과 같은 미래의 교회 여성 지도자를 양성하려는 것이었다. 이런 배경에서 메리 스크랜튼은 1895년 10월, 달성위궁 안에 새로 마련한 예배당에서 상동교회 부속 매일학교로 공옥여학교(攻玉女學校)를 시작했다. 그 반응이 좋았다. 1896년 선교보고다.

지난 10월에 우리 교인 집 딸들을 위해 달성위궁에 매일학교 문을 열었습니다. 처음엔 마땅한 교사를 얻지 못해 어려움이 많았으나 다행히 우리 이화학당 졸업생 가운데 한 사람을 교사로 채용할 수 있었습니다. 그 선생(Lucy Alderman)은 자기가 맡은 일을 좋아할 뿐 아니라 학교 운

106 *WFMS* 1895, p. 74.

영에 대한 생각이 그 전임자들보다 뛰어나 우리 생각과 다르지 않습니다. 아직은 학생 수가 많지 않습니다. 학생이 열두 명을 넘지 않았는데 그 이상 수용하려면 우리 시설을 확충해야만 합니다. 학생 중에는 어린 아기를 등에 업고 오는 부인도 있는데 그 아기 때문에 학교 수업에 지장을 받는 경우도 있습니다. 그럼에도 우리는 어느 누구도 자기 나라 말을 배우려는 여인들에게 실망을 안겨주지 않으려 노력합니다. 그래서 아기가 울거나 소리를 지를 때면 서로 달려가 상황을 안정시키려 최선을 다합니다. 우리 학생들의 실력은 날로 발전하고 있습니다. 이곳 학생들이 교리문답을 외우고 성경 이야기를 발표하는 모습을 본다면 미국 주일학교 선생들은 낯이 뜨거워질 것입니다.[107]

이렇게 시작된 매일학교는 설립자의 기대를 충족시켰다. 일반 학과보다 성경과 교리를 가르침으로 '종교 교육'의 산실로 만들고자 했던 메리 스크랜튼의 바람대로 매일학교 학생들은 신앙에서 뛰어난 발전을 보여주었다. 메리 스크랜튼의 1897년 선교보고에 나오는 대목이다.

우리 학생들은 학습에서도 진보를 이룩했지만 무엇보다 상당수 학생들이 진실된 교인이 되어가고 있음을 보여주고 있습니다. 최근 학생들 스스로 기도 모임을 갖기 시작했으며 돌아가면서 집을 방문하여 작은 기도 모임을 갖고 있습니다. 우리 학생들 중 한 명은 얼마나 착한지 한국인들은 그 아이가 오래지 않아 죽어서 천국에 갈 것이라 말합니다. 수업을 시작한 지 얼마 되지 않아 그 학생은 갑자기, "성령께서 내 마음에 오셨

---

107 *WFMS* 1896, p. 78.

공옥소학교

> 습니다. 기도를 해야겠습니다" 하고 소리쳤습니다. 그 학생 아버지는 음주벽이 있어서 그것이 딸에게 큰 슬픔이었습니다. 그 아이는 그 문제로 아버지와 논쟁을 벌이곤 했는데 이런 일은 한국에서 상상도 못 하는 일입니다. 그 학생은 아버지에게 "왜 아직도 예수님을 진실로 믿지 않고 술도 끊지 못하세요?" 했습니다. 오래지 않아 아버지는 딸이 원하는 대로 하겠노라 약속을 했답니다.[108]

이처럼 메리 스크랜튼이 설립한 매일여학교의 결과가 좋은 것으로 나타나자 상동교회 남성 교인들도 같은 개념의 남자 매일학교를 설립하기로 뜻을 모았으니 1899년 스크랜튼 박사를 설립자로 하여 공옥학교(攻

---

108 *WFMS* 1897, p. 90.

玉學校)를 설립했다.[109] 그리고 이화학당에서도 서울과 경기도 지역의 교회를 중심으로 지교(支校) 형태의 매일학교들을 설립, 지원했으니 많을 때는 열 개가 넘었다.

이처럼 메리 스크랜튼은 상동(달성위궁)으로 거처를 옮긴 후 '종교교육' 분야에 특별한 관심을 갖고 추진했는데, 매일학교와 함께 새로 시작한 것이 기혼 여성을 대상으로 한 '교리공부반(Catechism class)'이었다. 처음엔 원하는 모든 사람을 받아들이려 했지만 지원자 가운데 선교사로부터 물질적 도움을 기대하는 경우가 많아서 신앙적인 열심이 있는 5명을 선발해 1893년 봄부터 교육을 실시했는데 학생 가운데 문맹자가 많아서 교육에 어려움이 있었고 시간이 흐르면서 학생이 줄어들어 실망적이기는 했지만 의미 있는 시도였다.

> 약간은 실망스런 현상이지만 나는 오래전부터 기혼 여성을 위한 학교를 해야겠다는 소망을 갖고 있었습니다. 나는 그것을 주님의 소명으로 느끼고 있으며 전망은 밝지 못하더라도 이 일은 계속해나가야 합니다. 몇 주 지난 뒤 학생 수는 세 명으로 줄었습니다. 남은 이들은 열심히 공부하고 있습니다. 그중 두 명은 쓰는 법까지 배워 교리문답서 전체를 베꼈습니다. 세 번째 학생은 일부만 베꼈습니다. 과정을 마치고 돌아가면서 그들은 자신들도 세례를 받을 수 있냐고 내게 물었습니다. 그중 한 명은 아주 열성적인 교인이 되어 자신의 남은 생애를 그리스도 사역에 바치겠다고 했습니다.[110]

---

109 김태현, "상동교당내 학교 정황", 『신학월보』 5권 2호, 1907. 2, 116-117면.

110 *WFMS* 1893, pp. 79-80.

감리교 전도부인 양성학원

성인 교리공부반은 계속 유지되지 못했지만 1894년부터 그것을 정동 시절부터 실시해온 전도부인 양성 과정에 흡수시켜 신학교육 과정으로 발전시켰다. 메리 스크랜튼은 1888년부터 이화학당 학생과 교인을 대상으로 성경과 기독교 교리 교육을 실시하여 전도부인으로 육성했는데, 개인 교습 형태로 유지되다가 1894년에 이르러 '전도부인 양성학원(Bible woman training school)'이라는 명칭을 쓰기 시작했다. 그리고 여전히 메리 스크랜튼이 교수로서 "사복음대조(四福音對照, Harmony of the Gospels)를 가르쳤고 성경 역사, 성경 사건들을 요약해서 외우도록 했으며 단계별 교리문답(Catechism)을 가르쳤다."[111] 메리 스크랜튼은 1894년 9월 "또 다른 흥미로운 수업"을 시작했다. 달성위궁의 사택을

111 *WFMS* 1895, p. 74.

공개하며 집에서 기독교를 배우고 싶은 모든 사람들을 초청하여 가르치기 시작한 것이다. 이에 대한 메리 스크랜튼의 1894년 선교보고다.

> 지난 9월 예수 그리스도에 대해 배우기 원하는 사람들에게 매일 내 집에서 가르쳐주겠노라고 광고했습니다. 나는 얼마 안 되는 구도자나 혹시 서양인의 집을 구경하고 싶은 사람들이 올 것으로 기대했습니다. 그러나 참석 인원은 내가 기대했던 수준을 훨씬 뛰어넘었고 결과도 기대 이상이었습니다. 호기심에서 찾아온 사람들도 있었지만 대부분 (약 3천 명가량이 되는) 방문객들은 복음과 진리의 말씀을 즐겁게 경청했습니다. 여러 날 동안 부인들은 몇 시간씩 앉아서 전도하는 것을 들었는데 우리가 가라고 할 때까지 남아 있었습니다. 참석한 사람들은 이 도시 사방에서뿐 아니라 어떤 경우엔 지방에서 수 마일을 걸어서 오기도 합니다.[112]

이런 식으로 메리 스크랜튼은 안식년 휴가를 다녀온 1892년 이후 상동에 자리를 잡고 기회가 주어지는 대로, 또한 기회를 찾아서 상동교회 여성 교인들을 중심으로 한 신앙 교육에 매진했다. 그가 이런 성인 신앙 교육을 통해 의도한 것은 전도부인 양성이었다, 그것은 1890년대 중반 이후 기독교에 대한 일반 민중의 시각이 바뀌면서 점증하는 '전도 요청'에 부응할 수 있는 여성 전도자들을 육성하여 서울과 지방에 파송하여 전도하며 교인들을 지도하도록 이끌기 위함이었다. 이런 식으로 메리 스크랜튼의 선교 영역은 '여성 목회(woman ministry)' 분야로 확대되었다.

---

112 *WFMS* 1895, p. 74.

전도부인과 지방 순회 선교

메리 스크랜튼은 선교 초기부터 토착 전도부인을 적극 활용했다. 언어와 문화가 다른 토착 상황에 외국인 선교사보다는 토착 전도자의 활동이 더 효과적이기 때문이기도 했지만 그보다는 자신이 속한 여성해외선교회(WFMS)가 표방하는 '여성이 여성에게(women to women)' 라는 기본 원리를 한국적 상황에서 '한국 여성이 한국 여성에게(Korean women to Korean women)'라는 선교 지침으로 적용한 결과에서 비롯된 것이라 하겠다. 그리고 이런 선교가 효과적이었던 것은 그와 짝을 이루어 선교 현장에서 동역한 토착 전도부인들의 신앙과 헌신이 그의 기대치를 훨씬 뛰어넘는 것이었기 때문이었다. 메리 스크랜튼의 전도부인 중에 장기간 함께 활동한 이로는 '양딸'로 불리던 이경숙(이드루실라 혹은 이씨 부인)을 비롯하여 인천 선교를 개척한 백헬렌과 장세실리아, 수원 선교를 개척한 김사라와 정한나 등이 있다. 이들 외에 메리 스크랜튼은 매년 5-9명의 전도부인들을 지휘하며 이들의 지방 여행에 동행하기도 했다.

메리 스크랜튼은 안식년 휴가를 다녀온 이후 환갑을 넘긴 나이지만 건강이 허락되는 한 전도부인, 혹은 동료 선교사와 함께 지방 순회선교를 감행했다. 1896년 전도부인과 함께 한강변 지역에서 실시한 전도 활동에 대한 메리 스크랜튼의 선교보고다.

> 여름 초에 특별한 부탁을 받고 서울에서 2마일, 6마일 떨어진 시골 동막과 용시(Yong Si)를 방문했습니다.[113] 내 계획은 한 주씩 교대로 두 곳을 방문하는 것이었습니다. 두 곳에 대한 전망은 처음도 그랬지만 지금

도 밝습니다. 그곳 사역을 보다 신중하고 철저하게 추진해야 할 상황이었기에 내 대신 전도부인을 수시로 보내 부인들을 가르치도록 했습니다. 이들 지역 대표들은 거의 매 주일 빠지지 않고 우리 교회 예배에 참석하고 있습니다. 뜨거운 햇볕도 쏟아지는 폭우도 매 주일 3마일 혹은 6마일을 걸어서 단지 예배를 드리기 위해 왕복으로 다니는 이들의 발걸음을 막을 수 없었습니다.[114]

메리 스크랜튼은 장로사로서 한국 선교를 관리하고 있는 아들 스크랜튼 박사와 함께 지방 순회를 나서는 경우도 종종 있었다. 1895년에는 홀(W. J. Hall)과 함께 평양 선교를 개척했던 김창식 전도사의 안내로 아들 스크랜튼 박사와 함께 평양 전도 여행을 시도했다. 메리 스크랜튼은 원거리에다 길이 험하여 맹수와 강도에 대한 두려움을 안고 출발했으나 "한국에 온 이후 가장 편안하고 즐거운" 여행이 되었다. 그리고 평양에서 받은 교인들의 환대는 매우 감동적인 것이었다. 특히 평양 교인들은 1894년 봄에 일어난 '평양기독교도 박해사건'으로 많은 고난을 겪었고, 또한 청일전쟁 직후 평양에 퍼진 전염병을 치료하던 홀이 그 병에 감염되어 희생당함으로 깊은 슬픔을 겪었던 터라 장로사 모자(母子)의 평양 방문은 그곳 교인들에게 각별한 의미를 지닌 것이기도 했다. 메리 스크랜튼의 여행보고다.

113 이 글에 나오는 '동막'은 고양군 용강면 동막리를, '용시'는 김포군 양동면 가양리 혹은 양천리를 의미하는 것으로 추정된다. 이곳에 전파된 복음은 공덕교회와 염창교회의 시작이 되었다. "염창교회", 『조선감리교회사』, 1936.10.10; 이덕주, 『서울연회사 I』, 152-153면.

114 *WFMS* 1896, p. 76.

평양의 감리교인들

우리 교인들의 따뜻한 환영을 받았는데, 그 시련과 전쟁의 혼란 속에서도 굳게 믿음을 지킨 이들을 만난 것이 대단히 기뻤습니다. 그곳 사역도 아주 고무적입니다. 그곳 여성 교인들은 그 어떤 지역보다 지성적이었을 뿐 아니라 구원을 얻기 위해서, 그리고 그리스도의 교회의 진정한 일원이 되기 위해서 무엇을 해야 할지 정확하게 알고 있었습니다. 남녀 구별에 대한 이곳 풍습이 서울만큼 엄격하지는 않아서 몇몇 여성이 여러 차례 스크랜튼 박사에게 교리공부를 했고 그중 세 명에게 세례 의식을 거행했습니다. 우리가 그곳에 머무는 동안 매일 배우기 원하는 사람들에게 교육을 실시했고 주일에는 세 번이나 모여 모두 열한 번 예배를 드렸습니다. 성경 말씀 그대로 "주께서 구원받는 사람을 날마다 더하게"(행 2:47) 하셨으며 계속 그러할 것입니다. 주일에 부인 여섯 명과 아이 일곱 명이 세례를 받았고 많은 이가 학습인 명부에 그 이름을 올렸습니다.[115]

전삼덕과 평양 전도부인들

이 평양 여행 중 스크랜튼이 세례를 준 평양 여성 가운데 유명한 '휘장 세례'의 주인공 전삼덕(全三德)이 포함되었다. 평남 강서 출신으로 가마를 타고 평양 남산현교회에 다니다가 한강 이북 출신 여인들 중에서 최초로 세례를 받은 인물로 알려지고 있는데 전삼덕은 스크랜튼 목사에게 세례를 받는 장면을 다음과 같이 묘사했다.

> 이때 시크란돈 목사는 나의게 세례를 받으라고 하엿다. 나는 세례가 엇더케 하는 것인지 모르거니와 우리나라 풍속에는 여자는 모르는 남자와 대면하지 못하는 법이 잇스니 엇지하여야 하리닛가 하고 무르니 그가 대답하기를 그러면 방 가온대 휘장을 치고 머리 하나 내노흘 만한 구멍

115 *WFMS* 1896, p. 77.

을 낸 후에 그리로 머리만 내밀 것 갓흐면 물을 머리 우에 언져 세례를 베풀겟다고 하엿다. 나는 그의 갈아쳐주는 대로 하야 나의 적은 딸과 함께 처음으로 세례를 밧게 되엿다.[116]

'휘장' 아이디어는 스크랜튼 모자가 동대문교회와 상동교회에서 이미 사용했던 것으로 형태는 다르지만 평양에서도 그것이 재현된 셈이다.

스크랜튼 모자는 1896년 3월, 경기도 지방 순회여행에 나섰다. 이에 대해 감리교회 기관지 『조선크리스도인회보』는 "상동 달성회당 시목사가 그 대부인을 뫼시고 남방으로 향하야 시흥 범고개 가서 여덟 사람을 세례 주고 수원 장지내 가서 남녀 합 여덟 사람을 세례 주고 용인 전궁동 가서 남녀 합 십구인을 세례 주엇다"라고 기술한 후 여행의 결과로 "세례밧은 사람은 남녀 합 삼십오인이오 이왕 세례밧도 진실이 밋는 사람도 삽십여인이 잇스며 또 감사할 일은 이번에 과천 덕고개와 수원 초평과 삽다리와 용인 곳은골 이 네 곳에 새로 교회 설립이 되엿사나 이거슨 평일에 운하던 바를 일움이라"[117]라고 자세히 보도했다. 이 지역은 메리 스크랜튼이 5년 전부터 전도부인 이경숙을 내려보내 전도하도록 한 곳으로 그 결실이 풍성함을 현장에서 확인할 수 있었다.

메리 스크랜튼은 이런 지방 여행을 통해 그동안 추진한 선교 결과와 함께 새로운 선교적 과제를 확인했다. 아들과 함께 경기도 지역을 순회하고 돌아온 직후 쓴 글이다.

우리는 가는 곳마다 종교적 관심이 깊어지고 있음을 느꼈습니다. 가

116 전삼덕, "내 생활의 략력", 『승리의 생활』, 8-9면.

117 "회중신문", 『조선크리스도인회보』, 1897. 3. 24.

는 곳마다 사람들이 몰려와 전도하는 것을 들었으며 그중 여러 명이 듣고 반응을 했습니다. 지방에는 글을 아는 사람이 거의 없는데 이들은 배운 것을 잊어버리지 않으려고 우리가 한 말을 몇 번이고 반복해서 마음속에 담아두려 했습니다. 나는 그들에게 당신들도 글을 배울 수 있다는 점을 강조했는데 그중 몇 사람은 자극을 받아 곧바로 공부를 시작하고 싶어했습니다. 글을 가르칠 수 있는 교사만 확보된다면 어렵지 않게 시작할 수 있는 일이었습니다. 한 노파는 아들이 쪽복음을 읽어주는 것을 듣고는 "애야, 그 책엔 짝을 찾는 법은 없냐?" 했답니다. 자기 힘으로 읽을 수 없는 여인이 얼마나 불쌍합니까?[118]

무지로부터 한 사람이라도 더 구하려는 애타는 심정이 그로 하여금 노구에도 지방 순회 여행을 포기할 수 없도록 만든 요인이기도 했다. 그러나 그로서는 감당하기 힘든 여정이었다. 그래서 그해 7월에는 스크랜튼 모자가 휴양차 원산과 금강산을 다녀왔는데 이에 대해 "목사 시크란돈 씨가 그 대부인을 뫼시고 달성회당을 떠나 원산 교회로 가신지라. 교우들이 남녀업시 평안이 단여 오심을 하나님께 축원하더니 시목사께서 원산 력로에 협곡 가셔서 본군수 교우 심홍택 씨도 반갑게 맛나 보시고 금강산 가셔서 대찰도 여럿슬 구경하기고 명승지도 마니 보시고 칠월 십오일에 본회당으로 평안이 도라오신지라"[119]라고 기록했다. 이처럼 1895-96년에 스크랜튼 모자는 실로 오랜만에 함께 전도 및 휴양 여행을 하면서 한국 선교 10년을 정리할 수 있는 기회를 가졌다.

서울로 돌아온 직후 메리 스크랜튼은 지방 곳곳에서 "우리에게도 오

---

118 M. F. Scranton, "Among Women of City and Country", *KR*, Aug. 1897, p. 296.
119 "시크란돈 목사 회환한 일",『조선크리스도인회보』1897. 9. 8.

시오"라는 방문 요청을 받았다. 그중에도 서대문 밖 애오개로부터 온 선교 요청은 그의 마음을 움직였다.

> 나에게 지방 사역을 해달라는 요청이 점증하고 있습니다. 심지어 지난 수년간 우리를 실망시켰던 애오개에서도 우리에게 교육을 재개해달라는 부탁이 답지하고 있습니다. 그곳에서 하나님의 계명을 따라 살려는 결심을 한 신실한 부인 다섯 명의 명단을 확보하게 된 것만도 참으로 기쁜 일입니다.[120]

애오개는 아들 스크랜튼이 1888년 '선한 사마리아인 병원' 계획을 추진할 때, 제일 먼저 부지를 확보하고 시약소를 설립하여 서울 성문 밖 선교를 개시한 곳이기도 했다. 그러나 선교부 내부 사정으로 스크랜튼 박사가 계속 그곳 사업을 관리하지 못하게 되면서 애오개 선교는 중단 상태에 이르렀고 10년 세월에 겨우 명맥만 유지하는 형편이었다. 그런데 그곳에 소멸되지 않은 신앙의 '그루터기'가 남아 있어 메리 스크랜튼에게 선교 재개를 간곡히 요청하게 되었고, 이에 스크랜튼과 선교부에서는 이화학당으로 하여금 애오개에 매일학교(아현여학교)를 설립하여 교육과 복음 전도 사역을 재개하도록 했으니, 이후 애오개 선교는 끊이지 않고 이어져 오늘의 아현교회가 된 것이다.[121]

반면 스크랜튼 모자가 심혈을 기울여 개척했던 동대문 선교는 꾸준한 발전을 이룩했다. 이미 앞서 언급했듯이, 동대문부인병원과 볼드윈예배

---

120 *WFMS* 1897, p. 90.

121 Ada B. Hall, "Seoul Primary School", *Fifty Years*, p. 3; 이덕주, 『선한 사마리아인의 애오개 사랑』, 기독교대한감리회 아현교회, 2001, 101-104면.

당 부지는 여성해외선교회 소유였다. 그래서 1898년에 그곳에 여성해외선교회 소속 독신 여선교사들을 위한 양관을 건축하고 그 이름을 '메리 스크랜튼관(The Mary F. Scranton Home)'이라 했으니, 한국 선교를 개척하고 후배들을 사랑으로 지도해준 '어머니' 선교사에 대한 후배들의 지극한 감사가 담긴 봉헌이었다.[122] 그해 메리 스크랜튼은 상동교회와 관련하여 '의미 있는' 보고를 하는 것으로 두 번째 안식년 휴가를 떠나는 신고식을 치렀다.

> 지난 해[1897년] 우리는 새로운 사역을 시작했는데 엡윗청년회(Epworth League)입니다. 이 청년회의 여자부원은 열다섯 명 정도입니다. 매달 한 번씩 밤에 회집하는데 이들 여성 회원들은 휘장 뒤편에 조용히 앉아서 남편과 남동생, 오빠들이 하는 토론과 강연을 듣습니다. 그 나머지 밤에는 여성 회원들끼리 모임을 갖습니다. 이들이 시간을 내서 읽지 못하는 회원의 한글 공부를 도와주는 모습은 참으로 아름답습니다.[123]

비록 휘장 없이 남녀 회원들이 얼굴을 맞대고 토론하거나 모임을 갖는 수준까지는 되지 않았지만 여성 회원도 남성 회원과 같은 방에서 같은 주제의 토론에 참여하는 모습에서 메리 스크랜튼이 꿈꾸었던 '양성평등'의 세상이 다가오고 있음을 느낄 수 있었다. 그리고 여성 회원들끼리 모여 친교하고 서로 한글을 가르쳐주는 모습에서 기독교 공동체가 추구해야 할 상부상조의 아름다운 이상이 교회 안에서 이루어지고 있음

122 *ARMEC* 1898, p. 265. *KMEC* 1898, p. 22.
123 *WFMS* 1898, p. 89.

도 확인할 수 있었다. 10년 전 처음 한국에 왔을 때와는 비교할 수 없을 정도의 변화였다.

안식년 휴가와 '월강송별'

스크랜튼 모자는 2차 안식년 휴가를 얻어 1898년 11월 5일 서울을 떠났다. 이때 메리 스크랜튼의 나이가 66세로 본인은 휴식 후 귀환을 예상하고 있었지만 그를 떠나보내는 동료 선교사들이나 한국 교회 교인들은 마지막 이별을 고하는 심정으로 떠나는 그를 지켜보았다. 이는 이들 모자가 서울을 떠나는 날 서울 교인들이 마련해준 '환송식' 장면에서 확인할 수 있다. 그 장면을 목격한 동료 선교사들의 감상과 기대는 *The Korean Repository* 기사에서 읽을 수 있다.

> 뛰어난 추진력과 자기를 돌보지 않는 헌신, 불타는 열정과 친절, 사려 깊은 인내심으로 스크랜튼 부인은 사역에 임했고 그 결과 한국의 많은 부인들은 지금까지 만나보지 못했던 가장 좋은 친구를 얻게 되었다. 그가 출국하는 장면은 참으로 장관이었다. 수많은 남녀 교인들이 3마일을 걸어서 강까지 나와 배를 타고 모래사장에 운집했는데, 그 광경은 마치 사도 바울을 환송하러 온 에베소 장로들과 같아서 무릎을 꿇고 기도하면서 눈물을 흘리며 슬퍼하는 모습이 마치 저들을 다시는 보지 못할 것처럼 여기는 것 같았다. 바라기는 스크랜튼 부인이 여행을 무사히 마치고 푹 쉬신 후에 빨리 돌아와 하시던 일을 다시 하게 되기를 바란다.[124]

서울 주재 감리교 선교사들(1898)

같은 장면을 『대한크리스도인회보』는 이렇게 소개하고 있다.

사도 바울로씨가 이불소 따에서 삼년 동안에 전도하고 작별할 때에 이불소에 있는 모든 교우가 긔도하고 통곡하며 바울로씨를 이별하는 것 갓치 달성당 교중에 여러 형제들이 룡산강 진두에 나아가 로부인과 시장로를 전송할 새 찬미가 칠십이장을 노래하고 강가 언덕에서 무릅을 굴코 일제히 업다려 하나님끠 기도하고 손을 잡아 련련한 정회로 섭섭히 작별한지라, 우리는 바라노니 로부인과 시장로끠셔 하나님 성신의 도으심으로 누만리 창해에 무사히 고국에 가셧다가 일년 후에 다시 대한에 도라오셔서 대한 형제와 자매들의 마음을 위로하실 뿐 아니라 큰 회당도 설

124 *KR*, Dec. 1898, p. 479.

> 립하며 전도를 널리하여 구원할 사람들을 만히 엇으소서.[125]

마지막 문장, "1년 후에 다시 대한에 돌아오셔서 대한 형제와 자매들의 마음을 위로하실 뿐 아니라 큰 회당도 설립하며 전도를 널리하여 구원할 사람들을 많이 얻으소서"라고 한 간구에는 새 예배당에 대한 상동교회 교인들의 소망과 기대가 담겨 있다. 메리 스크랜튼의 주선으로 마련한 달성회당은 늘어난 교인을 수용할 수 없는 상황이 되었고 이에 교인들인 더 넓고 안락한 예배당을 짓기로 했지만 가난한 상동교회 교인들 힘으로 마련할 수 없어 스크랜튼 모자가 1년 후에 돌아와 그 꿈을 이루어주기를 기대했던 것이다. 메리 스크랜튼은 출국하기 "몇칠 전에 미국서 나아온 편지를 밧으시니 교중에 엇더한 부인 한 분이 말삼하시기를 달성당에 새로 지을 례배당 부비를 자긔가 담당하겟노라" 는 사실을 알려 상동교회 교인들에게 희망을 불어넣고 떠났다.[126]

스크랜튼 모자를 떠나보내는 상동교회 교인들의 애틋한 심정은 출국 전날 저녁, 메리 스크랜튼의 집에서 열린 '송별회' 장면에서도 확인된다.

> 남녀교우 누백명이 일제히 로부인 댁으로 모혀 송별회를 열고 각기 소회를 설명할 새 혹은 시목사와 부인의게 유익함과 감화 밧은거슬 말하고 혹은 하나님 도와주심으로 이날 밤 이 회가 생긴거슬 감사하고 혹은 작별하는 섭섭한 회포를 설명하며 혹은 말하다가 슬픔이 목을 막어 말 못하는 이도 잇도 혹은 이후에 두 번 맛날 기약을 설명하니 참 마음이 일희

---

125 "부인이 고국에 도라가심", 『대한크리스도인회보』, 1898. 11. 8.
126 "부인이 고국에 도라가심", 『대한크리스도인회보』, 1898. 11. 8.

일비한 중에 오직 감사하옵기는 우리 령혼의 목사 예수끠셔 떠나지 아니 하시는거시라. 그 후에는 천당에서 함끠 먹는 것갓치 이 세상에서 함끠 먹음을 위하야 잠간 다과례를 행하고 섭섭한 마음은 련면 부절하더니[127]

교인들은 송별 만찬을 그리스도의 '최후의 만찬'에 비유했다. 최근 몇 년 사이에 메리 스크랜튼의 건강이 눈에 띄게 악화되어 '환갑을 훨씬 넘긴' 노부인을 지켜보는 교인들의 눈에 '이번에 가시면 다시 못 올 것' 같이 보였다. 이처럼 스크랜튼과 교인들이 서로 아쉬워하며 '마지막' 고별을 고하는 침울한 분위기 가운데 이화학당 교사와 학생들이 뒤늦게 합류하면서 분위가 일순 바뀌었다.

맛참 리화학당 푸라이 부인이 녀학도들을 다리시고 출석하신고로 그 부인끠 송별가 찬미를 청하야 로부인의 풍금으로 회답하며 자연이 비진 홍래하고 심신이 쾌락하야 세상 속담과 갓치 별유천지비인간에 신선의 풍악이 왓다 할 만하고 우리 교회로 말삼하면 완연히 천당에 안저 즐거워하는 것 갓흐니 참 깃부도다. 만일 성신의 능력이 아니시면 엇지 작별하는 슬픈 곳에 깃붐이 잇사리오마는 발서 슬퍼함을 위로하시랴고 리화학당 녀학도를 명하사 이 다음 예수 압헤 함긔 모힐 노래로 우리 마음을 위하셧시니 참 감사하도다. 첫째는 하나님끠 영광을 돌니압고 둘째는 리화학당 누님들끠 하나님의 명령 잘 순종하신거슬 감사하노라.[128]

이화학당 학생들의 '송별가'는 메리 스크랜튼에게 특별한 의미가 있

127 리은승, "달성회당에서 온 편지", 『대한크리스도인회보』, 1898. 11. 16.
128 리은승, "달성회당에서 온 편지", 『대한크리스도인회보』, 1898. 11. 16.

한강나루(1898)

었다. 한국에 와서 처음 시도한 선교 사업의 결실인 이화학당이 후배 선교사와 한국인 교사들의 지도로 착실한 성장을 이룩하여 이제는 한국 사회와 교회를 바꾸어 갈 유능한 지도자들을 배출해내고 있으니 감회가 남다를 수밖에 없었다.

이런 분위기에서 11월 5일, 스크랜튼 모자에 대한 '한강송별예식(漢江送別禮式)'이 거행되었던 것이다. 상동교회뿐 아니라 서울 시내 감리교회 교인들까지 참여하여 남대문을 나와 한강나루까지 3마일을 행진하는 모습도 장관이었고, 나루터에서 손을 흔들어 작별하는 것이 아니라 교인들도 함께 배를 타고 노량진까지 건너가서 그곳에서 작별하고 돌아왔다. 상동교회의 이은승 전도사는 그 장면을 "월강송별(越江送別)"이라는 제목으로 정리하여 『대한크리스도인회보』에 소개했다.

시목사 모자분 발행하시는 날에 교중 남녀로유가 일제히 강두에 모혓다가 시목사 모자분 나오신 후에 배 두 척을 잡아 한 척은 부인들이 타시고 한 척은 남 교우들이 타고 건너갈 새 가마니 생각하니 우리가 각 교회에 나아와 천당 길 가는 거시 이 배 두 척을 난화 타고 저편으로 향하는 것 갓치 비록 배는 두 척을 난화 탓시나 배 탄 목적도 한 가지요 하륙할 곳도 한 거시라. 맛날 긔약은 두 번이나 잇시니 방장에 섭섭하야 소사나는 눈물을 금하기 어렵도다. 남녀교우의 목사 모자분이 다 함끠 말이 업시 낙누만 하니 그 피차에 연연한 정회는 참 말할 수 업시며 배를 다 건넌 후에 함끠 마음을 억제하고 기도와 찬미로 마음을 위로하고 왓시며 감사하기는 목사를 작별한 후에 목사가 또 업는거시 아니라 예수 우리 령혼의 목사가 마음속에 계시니 모든 일을 다 다스리시고 모든 행실을 다 살피시고 은혜를 주실지라. 그럼으로 교우들이 다 마음을 더 단단이 가지시니 참 하나님끠 감사하나이다.[129]

그렇게 해서 스크랜튼 모자는 인천을 통해 한국을 출발하여 손녀와 딸들이 유학하고 있는 스위스로 가서 오랜만에 가족들과 함께 휴식을 취했다.[130] 이후 미국과 유럽을 오가며 휴가를 보낸 후 1899년 12월 말에 영국 런던을 출발, 1900년 2월 말에 서울로 돌아왔다. 스크랜튼 모자의 귀환길에는 역시 안식년 휴가를 마친 이화학당의 프라이 선교사가 동행했다.[131]

---

129 리은승, "월강송별", 『대한크리스도인회보』, 1898. 11. 16.

130 *WFMS* 1899, p. 88; "시목사 소식", 『대한크리스도인회보』, 1899. 3. 8.

131 「도라오심」, 『대한크리스도인회보』, 1899. 12. 25.; "목사의 도라오심", 『대한크리스도인회보』, 1900. 2. 21.

부인성경학원 설립과 상동교회 새 예배당 건축

메리 스크랜튼의 귀환은 상동교회 교인들과 선교사, 그리고 그와 함께 사역했던 전도부인들에게 기쁨이었다. 메리 스크랜튼이 떠나 있는 동안 그를 대신해서 상동교회와 경기도 지방 선교 사업을 맡아 했던 피어스(N. Pierce)는 1900년 선교보고를 통해 귀환한 '대선배'에게 거는 기대를 이렇게 표현했다.

> 건강을 회복하신 스크랜튼 부인이 상동교회와 사랑하는 한국인들에게 돌아온 것으로 모두 크게 기뻐하고 있습니다. 그의 어깨에 놓여 있는 무거운 짐을 누군가가 나누어 져야 할 것은 분명합니다. 우리 여성해외선교회 사역자들은 현재 시점에서 전도부인 양성을 위한 학교가 아주 중요한 사역인데 이 분야에서 보완이 필요하다고 의견을 모았습니다.[132]

"메리 스크랜튼의 어깨에 놓여 있는 무거운 짐을 나눠 지자" 하면서도 '전도부인 양성을 위한 학교(school for the training of Bible women)'라는 새로운 사역을 그에게 부탁한 것이다. 토착 전도인 양성은 선교사라면 누구나 고민하고 추진할 사역이었다. 선교사들의 토착인 목회자 양성에 대한 의지는 신학 교육을 통해 구현되었는데, 남성 선교부의 경우, 1887년부터 아펜젤러가 배재학당 안에서 기독교 교리에 관심을 가진 학생들에게 개인적으로 성경을 가르치는 것으로 출발하여 1893년 연회 안에 단기 성경학교 형태의 '본처사역자 양성 과정'을 두

132 *WFMS* 1900, p. 82.

고 선교사들이 성경과 기독교 교리를 체계적으로 가르치기 시작했는데 1899년부터 '신학회(Theological Class)'라는 이름으로 정착했다. 이런 식으로 신학회에서 신학 교육을 받은 김창식과 김기범이 1901년 미감리회 연회에서 목사 안수를 받았고 최병헌과 전덕기, 이은승 등이 모두 이 '신학회' 출신이었다.[133]

이처럼 남성 선교부에서는 신학회를 통해 체계적으로 목회자를 양성하고 있는 것에 비해 여성 선교부에서는 신학교 설립까지 생각하지는 못하고 있었다. 메리 스크랜튼도 여성해외선교회나 여선교부로부터 이 분야 사역을 위한 전담 선교사 파송과 학교 설립을 위한 재정 지원을 기대할 수 없었기에 개인적 차원에서 일을 추진했는데, 1888년 이화학당에서 전도부인과 복음에 관심 있는 부인들을 모아 성경과 교리를 가르치기 시작하여 1898년 안식년 휴가를 떠나기 직전까지 교리공부반이나 전도부인 양성학원 등의 형태로 부인들을 교육, 훈련시켰다. 그런데 이제 후배 선교사들이 전도부인 양성을 위한 정규 신학 교육의 필요성을 인식하고 학교 설립과 운영을 안식년 휴가를 마치고 돌아온 메리 스크랜튼에게 부탁한 것이다. 이런 후배들의 요청을 '개척의 달인' 스크랜튼은 기꺼이 받아들였다. 그렇게 해서 1900년 정식으로 '감리교 부인성경학원(The Methodist Bible Woman's Training School)'이 설립되어 스크랜튼의 달성회당 자택에서 전도부인으로 활동하고 있거나 되기를 바라는 여성들을 모아 신학 교육을 시작했다. 그리고 1900년 5월

---

133 신학회를 운영했던 미감리회 선교부는 1907년부터 남감리회 선교부와 공동으로 신학 교육을 추진하기로 합의하고 '협성성경학원(協成聖經學院)'을 설립했는데 1910년 감리교협성신학교(監理敎協成神學校)로 바뀌었다가 1931년 협성여자신학교와 합동하면서 '감리교신학교(監理敎神學校, Methodist Theological Seminary)'가 되었다. 박연서, "모교의 연혁", 『감리교신학교동창회보』 창간호, 감리교신학교, 1932, 3면.

미감리회 연회에서 장로사로 선출된 아들 스크랜튼 박사는 한국의 선교 상황을 설명하는 중에 어머니가 방금 시작한 부인성경학원에 관한 사항을 그 의미와 함께 보고했다.

> 부인성경학원 사역은 우리 선교부에서 가장 최근 시작한 사역입니다. 그 시작은 조용하고 미약했지만 우리 안에 엄청난 힘을 발휘하게 될 것입니다. 지금까지 해온 사역 가운데 매년 개최되는 신학회(Theological Class)와 같은 목적으로 운영되는 본처전도사 양성과정, 그리고 이 부인성경학교 사역만큼 나를 기쁘게 한 것은 없습니다. 이런 사역으로 인해 우리 사업은 한층 힘을 받을 것이며 우리 토착인 사역자들은 영감과 열정을 얻을 것입니다. 그들은 이것을 통해 감리교 정신을 호흡하고 있으며 그것을 기본 원칙으로 하여 우리 연회가 지향하는 바, 영적인 각성과 보완, 상호 보완을 추구해나갈 것입니다.[134]

'감리교 정신(spirit of Methodism)', 이것이 감리교 신학 교육의 목적이었다. 그리고 스크랜튼은 부인성경학원이 생김으로써 그동안 남성 중심으로 이루어진 목회자 양성 과정에 균형을 이루게 되어 신학 교육에서 '양성평등'이 가능해졌다는 점도 중요하게 생각했다. (1916년 이후 부인성경학원 교장으로 시무한) 채핀(A. B. Chaffin)은 한국의 여성 신학 교육 분야에서 '개척자'로서 메리 스크랜튼이 보여준 역할과 의미를 이렇게 정리했다.

---

134 *ARMEC* 1900, p. 280; *KMEC* 1900, pp. 28-29.

여성 사역자 훈련은 그동안 사경회나 성경공부반을 통해 이루어졌는데 교회 안에서 평신도들을 교육시키는 이런 형태로는 우리가 원하는 바를 충분하게 해결할 수 없었다. 이곳에서 여성해외선교회 사역을 개척하신 우리의 친애하는 스크랜튼 부인께서 누구보다 이 분야에 관심을 갖고 일을 추진하셨다. 부인은 부인성경학원의 모퉁잇돌(conerstone)이 되셔서 이 막중한 사역을 준비하는 학생들을 모아서 체계적으로 가르치고 관리하셨다.[135]

이처럼 메리 스크랜튼은 귀환하자마자 여성신학교 설치와 관리 책임을 지고 훌륭하게 임무를 완수했다. 그런데 그의 귀환을 누구보다 기다렸고, 환영한 곳이 상동교회였다. 스크랜튼이 안식년 휴가를 떠나면서 교인들에게 약속한 '새 예배당 건축기금' 때문이었다. 메리 스크랜튼은 약속을 지켰고 그가 가져온 4천 달러로 교인들은 공사를 시작할 수 있었다. 스크랜튼을 대신해서 상동교회를 맡아보던 스웨어러(W. C. Swearer)가 그 사실을 1900년 연회에서 이렇게 보고했다.

지금 우리가 예배드리고 있는 예배당은 우리 교인들을 수용하기엔 충분치 못합니다. 그래서 한 친구가 새 예배당을 건축하라고 메리 스크랜튼 부인을 통해 4천 달러를 보내온 것은 참으로 기쁘고도 감사한 일입니다.[136]

스크랜튼을 통해 선교비를 보내준 '미국 친구'는 "자기 어머니를 기

135 A. B. Chaffin, "Union Methodist Bible Training School", *Fifty Years*, p. 17.
136 W. C. Swearer, "Talsung Church, Seoul", *MKEC* 1900, p. 53.

미드기념예배당

념하여 미국 코네티컷 스탠포드에 사는 미드(Mead) 양" 이었다.[137] 그래서 상동교회의 새 예배당 이름을 '미드기념예배당(Mead Memorial Church)'이라 했는데 한국인들도 '미드미모리알회당', '미드기념당'이라 했다. 새 예배당 위치는 달성회당 길 건너편, 상동시약소 부지였고 공사는 차질 없이 진행되어 7월 30일 상량식을 거행할 수 있었는데, 교인들은 모퉁잇돌에 교회약사를 기록해 넣으면서 메리 스크랜튼에 대한 감사의 마음을 이렇게 표현했다.

> 이 회당은 시란돈 대부인이 그 터를 사고 교우를 위하야 회당을 지엿는대 지금까지 그 회당에 모혓나니라. 시란돈 대부인이 새 회당 설립하

---

137 *KMEC* 1901, p. 67.

기를 위하야 여러 번 합중국에 청구하엿더니 합중국 미드 부인이 그 대부인을 위하야 긔렴하는 회당을 설립하라고 금 사천원을 보내엿고 그 후에 또 미드 부인 일가가 회당 안 제구를 위하야 금 오백원을 보내엿시며 그 외에는 시란돈 대부인이 회당 설립하기를 위하야 여러 곳에서 엇은 돈이 은 오백원이니라.[138]

새 예배당 공사는 1년 만에 무사히 끝나 1901년 5월 9일 개회한 미감리회 한국선교회 17차 연회를 상동교회 새 예배당에서 개최했는데 연회 사흘째인 5월 12일 주일에 연회를 주재하기 위해 내한한 무어(D. H. Moore) 감독 집례로 새 예배당 봉헌예배를 거행했다.[139] 연회 참석자들은 연회 마지막 날 "1년 만에 이처럼 아름다운 예배당을 건축할 수 있었던 스크랜튼 박사와 그 어머니 메리 스크랜튼 부인에게 찬사와 감사를 보내는 바이다"라는 치사를 채택하는 것으로 1901년 연회를 마쳤다.[140]

상동교회 새 예배당 봉헌식 때 가장 큰 감사와 감격을 느낀 이가 메리 스크랜튼이었음은 물론이다. 그러나 그 감격을 누릴 여유도 없이 메리 스크랜튼은 병석에 눕게 되었다. 안식년 휴가를 마치고 귀환 직후부터 건강이 나빠졌는데 새 예배당을 건축하는 과정을 지켜보면서 어려운 시간을 견뎌냈지만 결국 봉헌식을 마치고 자리에 눕고 말았다. 국내 치료가 불가능하다고 판단한 아들 스크랜튼은 결국 본국으로 모시고 가서

138 「미드미모리알회당략사」, 1900.7.30; 『상동교회백십일년사』, 기독교대한감리회 상동교회, 1999, 413-414면.

139 주일이라 상동교회 교인뿐 아니라 서울 시내 모든 감리교회 교인들이 상동교회 새 예배당에 모였는데 9시에 애찬례, 10시에 18인 합동 세례식을 거행한 후 11시에 봉헌식을 거행했다. *KMEC* 1901, p. 10; "년환회 일긔", 『신학월보』, 1901. 5, 235면.

140 *KMEC* 1901, p. 68.

치료를 받기로 했다. 그리하여 스크랜튼 모자는 1901년 7월 말에 서울을 출발, 귀국길에 올랐다. 예기치 않은 '작별'에 한국 교회 교인들은 당혹감과 안타까움을 다음과 같은 짧은 기사로 표현했다.

> 지나간 칠월에 시장로사의 대부인께셔 병환이 우중하야 모자분이 미국으로 귀국하셧시니 우리도 과연 슬프고 셥셥하도다.[141]

메리 스크랜튼은 질병에 대한 두려움보다 자신 때문에 아들까지 한국 선교를 총괄해야 할 '장로사' 직분까지 사임하고 떠나야 한다는 안타까움이 더 컸다. 아무튼 스크랜튼 모자는 돌아올 기약 없이 귀국길에 올랐다.

한국을 위한 마지막 봉사

귀국 후 스크랜튼 박사는 어머니의 질병 치료에 전념했다. 그런데 고령이었던 관계로 어머니의 치료와 회복은 상당히 늦어졌다. 선교사로서 한국 귀환은 불가능해 보였다. 그런데 3년이 지난 1904년에 들어서면서 어머니는 건강을 회복했고 스크랜튼도 기회가 주어지면 다시 한국에 나갈 수 있게 되기를 기대했다.[142] 그 무렵(1904년 2월) 한국 교회는

141 "시란돈 장로사와 그 대부인 귀국하심", 『신학월보』, 1901. 8, 339면.

142 스크랜튼은 1904년 1월 한국 연회에 참석한 선교사들에게 "선교본부에서 한 번 더 선교사로 임명해준다면 당장 나가서 한국에 있는 선교사들과 손을 잡고 일하겠다."는 의사를 적은 편지를 보냈고 그것이 2월 연회 때 낭독되었다. "Greetings from Dr. Scranton",

러일전쟁으로 인해 큰 시련을 겪고 있었는데 전쟁 소식을 들은 스크랜튼은 평양에서 사역 중인 김창식 목사에게 다음과 같은 편지를 보내 격려했다.

> 대한에 난리 있는 것이 대단이 섭섭하거니와 큰 바람이 있으니 환란 후에는 교회가 흥왕할 것을 증거하는 것은 이왕 갑오년 전감으로 생각하는 것이오 또한 대한을 세 나라가 먹으랴 하니 일본과 아국[러시아]과 천국이라. 비록 일본과 아국이 대한을 먹는다 하여도 필경은 천국이 다 먹을 줄 아노라.[143]

스크랜튼은 한반도를 장악할 나라는 일본도 아니고 러시아도 아니고 궁극적으로 천국(天國)이 될 것이라는 말로 외세 침략으로 인해 고난받고 있는 우리 민족을 위로했던 것이다. 비록 몸은 떠나 있지만 한국교회와 민족을 향한 사랑은 여전했다. 이런 상황에서 1904년 5월 미국 감리회 총회는 새로 감독으로 선출된 해리스(M. C. Harris)에게 일본과 한국 선교를 관리하도록 위임했다.[144] 일본 선교 개척자로 30년 이상 일본인 선교 경력을 갖고 있던 해리스 감독은 일본에 대해서는 잘 알았으나 한국은 거의 아는 것이 없었다. 이에 해리스 감독은 코네티컷 주 이스트하트퍼드(East Hartford)에서 요양 중인 스크랜튼 가족을 찾아가 도움을 요청했다. 스크랜튼은 1885년 2월, 일본에 도착했을 때 매클레이와 함께 일본 사역을 하고 있던 해리스를 만난 적이 있었다. 결국 스

KMEC 1904, p. 66.

143 "시목사 편지", 『신학월보』, 1904. 7.

144 "Harris Merriman Colbert", *EWM* vol. Ⅰ, p. 1,081.

크랜튼은 해리스 감독으로부터 "한국 선교를 관리해달라"는 요청을 받고 1904년 9월 다시 한국에 나왔는데 건강을 회복한 어머니와 아내까지 동행했다.[145] 선교사들은 3년 만에 귀환한 '대선배' 스크랜튼 가족을 환영했다. 이후 스크랜튼은 주로 일본에 거주하던 해리스 감독을 대신하여 한국 선교 관리자 겸 경기도 지방 장로사(감리사)로 선교 사역을 재개했다.

선교 현장으로 돌아온 메리 스크랜튼의 기쁨과 감격은 그 누구보다 컸다. 그는 '죽음 문턱까지' 갔다가 살아서 다시 선교 현장에 돌아온 감격과 기쁨을 도착 직후 미국 선교본부에 이렇게 적어 보냈다.

> 우리가 서울에 도착한 지 두 주일이 되었는데 기대했던 대로 이곳에 있는 것이 참으로 행복합니다. 하나 더 덧붙일 것은 여기 교인들이 할 수 있는 한 최선을 다해서 우리를 따뜻하게 대해주고 있다는 점입니다. 우리 집은 거의 매일 방문객들로 붐비고 있는데 그중 많은 사람들은 대단히 먼 지방에서 올라와 감격과 기쁨을 표하고 있습니다. 이들 때문에 거의 우리 시간을 내지 못하고 있는데 시간이 흐르면 사태가 안정되어 우리가 다시 일을 시작할 수 있을 것으로 기대합니다.[146]

귀환 후 메리 스크랜튼에게 맡겨진 선교 사역은 '상동교회와 경기도 남부 지역 전도 사역'이었다.[147] 상동교회 소속으로 있으면서 전도부인들과 함께 서울 근교와 수원, 오산, 시흥, 용인, 이천, 여주 등지를 순회

---

145 "Methodist Missionaries in Korea", *KM*, Nov. 1904, p. 6.

146 M. F. Scranton's letter to Dr. Leonard, Sep. 27, 1904.

147 *KMEC* 1905, pp. 26-27.

하며 전도하고 교회 여성들을 관리하는 일이었다. 그로서는 70세가 넘은 노인에게도 일터와 사역을 맡겨준 후배 선교사들이 고마웠다. 이는 1905년 여성해외선교회 한국선교연례회에 제출한 선교보고서에 잘 드러난다.

> 내가 지금까지 살아오면서 아홉 달 전에 이곳으로 다시 나왔을 때 느꼈던 심정보다 더 감격적인 것은 없었습니다. 나는 큰 포부를 안고 일하기 위해 여러분께 돌아왔는데 간절한 마음으로 수시로 기도하는 것은 '노년에도 결실을 주소서' 하는 시편 기자의 기도가 내 경우에도 이루어지기를 바라는 것입니다. 내 존재가 다른 사람에게 얼마나 유익할는지는 잘 모릅니다. 다만 제게 어떤 일이 맡겨지더라도 매일 매일 그 일을 감당하면서 우리의 보잘 것 없는 노력에도 좋은 것으로 채워주시는 무한하신 자비의 아버지께 결과를 맡길 뿐입니다.[148]

그리고 자기에게 맡겨진 사역이 과거 한창 전성기 때 했던 것에 비하면 보잘 것 없지만 일할 수 있는 기회를 얻은 것만도 감사할 일이었다.

> 제게 주어진 일은 아주 적어서 어떻게 보면 별로 중요하지 않은 것이어서 수시로 마음속으로 그 옛날 기브온 사람들처럼 "나무를 패며 물을 긷는 자"(수 9:27)가 되기로 작정했습니다. 여러분도 느끼시겠지만 이런 생각을 하면 맥이 빠집니다. 그러나 점점 깨닫는 바는 내가 부족하다

148 M. F. Scranton, "Evangelistic Work, Mead memorial Church, Seoul", *Minutes and Reports of the Korea Woman's Conference of the Methodist Episcopal Church*(이하 KWC), 1905, p. 7.

는 사실입니다. 지금 내가 실망하는 것은 '완전한 사역'을 이룰 만큼 '완전하고도 온전한' 인내심을 발휘하지 못했다는 점뿐입니다.[149]

그리고 궁금했던 것이 상동교회 상황이었는데 새 예배당을 마련한 이후 교회는 꾸준하게 성장하여 그를 실망시키지 않았다.

돌아온 후 당연히 옛날 집에 들어가 전에 하던 교회 일을 했습니다. 상동교회가 든든한 기반 위에 서 있는 것을 보니 참으로 안심이 되었습니다. 처음 십여 명으로 시작해서 우리가 떠날 때 350명이 넘었었는데 우리가 없는 사이에도 계속 증가했더군요. 그중 몇 명은 여기보다 더 좋은 나라[천국]로 가서 보이지 않았습니다. 낙심하고 떨어져 나간 이도 몇 명 있었으나 그 자리를 열심 있는 이들이 채워 전혀 줄어들지 않았습니다.[150]

상동교회로 귀환한 메리 스크랜튼은 '새 일을 찾아 나서는' 과거 습관처럼 새로운 사역을 시작했다. 수요일 저녁마다 여성 교인들을 모아놓고 성경공부를 하기 시작한 것이다. 그런데 이번에는 과거와 달리 성경공부를 하면서 그 자신이 은혜를 받는 새로운 체험을 했다. 구약 창세기를 공부하면서 받은 은혜를 이렇게 증언했다.

솔직하게 고백할 것은 이번에 아브라함의 인품이 여성의 권익을 지키려는 것이었음을 알고 나서야 비로소 그가 얼마나 위대한 인물인지 깨달

---

149 M. F. Scranton, "Evangelistic Work, Mead memorial Church, Seoul", 1905, p. 7.
150 M. F. Scranton, "Evangelistic Work, Mead memorial Church, Seoul", 1905, pp. 7-8.

았다는 것입니다. 우리는 그런 식으로 이삭과 야곱, 요셉을 공부했고 지금은 모세의 생애와 그 시대를 공부하고 있습니다. 이 공부는 내게 아주 유익했으며 함께한 부인들에게도 마찬가지였을 것으로 믿어 의심치 않습니다. 최근 부인 몇 명이 주간 중에 저녁마다 내게 와서 로마서를 공부하기 시작했습니다. 나는 베드로가 '우리 사랑하는 형제 바울'이 쓴 어떤 것에 대해서 "이해하기 어렵다"고 한 말에 전적으로 동감하는데, 이것들을 한국 여성들이 이해할 수 있도록 만드는 것은 더욱 어려운 일입니다. 계속 반복해서 간청하지 않는 한 일을 벌이지 않는다는 것이 내 입장이지만 여인들이 배우겠다고 요청할 때는 들어주도록 노력하는 것이 마땅합니다.[151]

그는 또한 자신과 함께 성경공부를 하는 한국 여성들이 성경을 이해하고 깨달아가는 과정을 보면서, 특히 자신과 다르지만 때로는 의미 있는 해석을 내리는 것을 보고 흥미와 감동을 느꼈다.

며칠 전, 한 여인이 저를 찾아와 이런 말을 했습니다. "오늘 아침 겨자씨 비유에 대해 가르쳤는데 공중의 새들이 날아와 깃들 정도로 큰 나무가 되었더군요." 나는 이 새들이 '마귀들'일 것이라고 설명했습니다. 마귀들이 아무리 달려들어도 뽑히거나 부러지지 않을 정도로 나무가 든든했던 것입니다. 그런 후에 그 부인은 결론 내리기를 하늘나라는 군대 마귀가 달려와도 흔들리지 않을 것이라 하면서 자기 해석이 옳은지 여부를 알려달라고 했습니다.[152]

---

151 M. F. Scranton, "Evangelistic Work, Mead memorial Church, Seoul", 1905, p. 8.

한국 여성들의 신앙과 함께 신학적 소양도 자라고 있었다. 이제 신학은 선교사의 전유물이 아니었다. 토착 교회 여성들도 참여하는 '열린 학문'이 되었다. 이런 식으로 메리 스크랜튼은 상동교회 사역을 재개하면서 한층 성장, 성숙해진 한국 교회 교인들의 신앙을 확인하고 감격했다. 이처럼 그의 귀환으로 상동교회 여성 사역이 활기를 띠게 되었고 1년 만에 그것은 그에게 맡겨진 또 다른 사역지, 경기 남부 지역 교회들에서도 확인할 수 있었다. 그는 건강 때문에 자주 지방 순회를 하지 못했지만 이경숙과 김사라를 비롯한 전도부인들을 통해 관리하면서 필요한 지원을 아끼지 않았다.[153] 메리 스크랜튼은 특히 수원과 무지내와 덕고개, 세 곳에 있는 매일학교를 지원하는 일에 정성을 다했는데 수원 매일학교(매향여학교)의 새 교사 건축비를 지원했으며 여메례를 그곳에 보내 영어를 가르치도록 했다. 그 결과 수원 매일학교는 40명, 무지내 매일학교는 20명, 덕고개 매일학교는 7명 학생을 확보하고 안정적 환경을 조성할 수 있었다.[154]

건강에 대해 어느 정도 자신감을 회복한 메리 스크랜튼은 1905년 10월, 미루었던 경기 남부 지역순회 선교여행을 시도했다. 10월 25일에 서울을 출발하여 32일간 총 143마일(420리)을 사인교를 타고 하는 긴 여행이었는데 16개 마을에서 기도와 찬송과 전도 집회를 91회 개최했고 2주간짜리 사경회를 인도했다.[155] 고령(73세)에 건강도 여의치 않아 불안한 여행이었지만 내한 2년차 선교사 구타펠(M. L. Guthapfel)이

152 M. F. Scranton, "Evangelistic Work, Mead memorial Church, Seoul", 1905, p. 9.

153 A. Hammond Sharp, "Mead Memorial Church Seoul, and South Korea District", *KWC* 1904, p. 23.

154 M. F. Scranton, "Evangelistic Work, Mead memorial Church, Seoul", 1905, pp. 10-11.

155 M. L. Guthapfel, "Bearing Fruit in Old Age", *KMF*, Jan. 1906, p. 42.

수원 매향여학교

동행했다. 구타펠은 '대선배' 선교사와 함께 여행을 하면서 많은 것을 깨닫고 배울 수 있었고 그것을 자세한 보고서로 정리하여 다른 선교사들과 공유했다. 그의 보고서는 이렇게 시작된다.

> 스크랜튼 부인이 장기간 여행을 감당할 수 있을지 여부가 확실치 않아 여행은 불안한 가운데 시작했습니다. 32일간 여행하는 동안 하늘 아버지께서 좋은 날씨를 주셨고 아무런 불상사도 일어나지 않았고 부인의 건강도 무난해서 우리가 기도하며 준비했던 계획대로 여행하면서 가르칠 수 있었습니다.[156]

156 M. L. Guthapfel, "Bearing Fruit in Old Age", p. 42.

그리고 구타펠은 가는 곳마다 '노부인'을 맞이하고 환영하는 교인과 군중을 보면서 '대선배'가 뿌린 씨앗의 결과가 어떤 것인지, 그리고 왜 노년에도 메리 스크랜튼이 힘든 지방 여행을 감행했는지 깨달았다.

> 어느 한 마을에서는 속장이 수개월 동안 남자 두 명, 부인 서너 명을 데리고 예배를 드려왔답니다. 그런데 우리가 그곳을 떠나기 이틀 전에 사내 열두 명이 자기 가족을 데리고 교회에 나오겠노라 우리에게 약속했습니다. 그런데 이들은 그 마을에서 영향력이 있는 사람들이라 이들이 나오니까 처음 갔을 때 6-7명밖에 되지 않았던 교인 수가 20명가량으로 늘어났습니다. 그중 한 사람이 스크랜튼 부인을 찾아와 믿기로 결심한 이유를 이렇게 밝혔습니다. "부인, 부인께서 고령에도 이처럼 지방을 찾아다니며 전하는 것을 보니까, 부인이 전하는 도에 뭔가 가치가 있음이 분명합니다. 우리는 오랫동안 그 전하는 것을 들어왔는데 이제부터는 도를 한번 해보기로 결심했습니다." 후에 이 마을에서 소식이 왔는데 복음에 대한 관심과 교인 숫자가 꾸준히 늘어나고 있다고 합니다.[157]

이제 메리 스크랜튼은 '그냥 있는 것만으로'도 전도가 되는 상황까지 되었다. '경지에 이른' 전도자의 모습이었다. 그리고 구타펠은 메리 스크랜튼과 함께하는 여행 내내 눈앞에 전개되는 상황을 성경에 기록된 말씀에 비추어 해석하는 습관이 생겼다.

> 또 다른 한 가지는 성경 말씀이 계속 내 마음속에 떠오른다는 점입니

157 M. L. Guthapfel, "Bearing Fruit in Old Age", p. 42.

구타펠과의 마지막 지역순회 선교여행

다. 예를 들면 교인들이 가족을 이끌고 교회에 오는 모습을 보면, "그와 그의 온 집이 믿었더라"는 말씀이 생각났고, 한국 교인들이 진실하게 사역하는 모습을 보면, "일반 백성이 그의 말을 기쁘게 들었더라"는 말씀이, 우연히 주워 읽은 쪽복음을 읽고, 또는 어디서 들었는지 기독교에 대한 말을 듣고 그것만으로도 개종을 결심하고 훌륭하게 신앙 생활하는 모습들을 보면 "내 말은 하나도 헛되이 돌아오지 않으리라"는 말씀이 생각났으며 사도 바울이 "모든 교회를 돌아보라"고 권면했던 말씀을 선교사와 목사들이 그대로 지켜나가고 있음을 보게 됩니다.[158]

어떤 때는 아침에 읽은 성경 말씀이 그날 '그대로 일어나는' 현상까지

158 M. L. Guthapfel, "Bearing Fruit in Old Age", pp. 42-43.

체험했다.

> 또 하루는 혼자서 말씀을 읽는데 이런 대목이었습니다. "무리가 몰려와서 하나님의 말씀을 들을 새 예수는 게네사렛 호숫가에 서서 호숫가에 배 두 척이 있는 것을 보시니 어부들은 배에서 나와서 그물을 씻는지라. 예수께서 한 배에 오르시니 그 배는 시몬의 배라. 육지에서 조금 떼기를 청하시고 배에서 무리를 가르치시더니." 바로 그날 이 말씀이 계속 뇌리를 떠나지 않았는데 여행을 하는 동안 무리가 우리 주위를 에워쌌으며 두 곳 마을에서는 너무 많은 사람들이 몰려와서 말씀을 전할 수도 없었습니다. 숨도 제대로 쉴 수 없을 정도로 무리는 우리를 가만 놔두지 않았습니다. 나는 그 순간 배와 시몬이 나타나서 쉴 새 없이 몰려드는 무리들로부터 우리를 떼어내 강이나 호수로 데리고 나가 편하게 전도할 수 있도록 만들어주었으면 하는 생각까지 들었습니다.[159]

이 모든 상황은 메리 스크랜튼이 20년 전부터 꾸준히 내려와 뿌린 씨앗 때문에 이루어진 일이었다. 여행을 하면서 구타펠은 이 '개척 선교사'가 과거에만 그런 것이 아니라 70세 고령의 나이에도 여전히 선교에 관한 한 그 누구도 따를 수 없는 지도력과 영향력을 발휘하고 있음을 확인할 수 있었다. 그는 여전히 '생기발랄한' 선교사였다. 구타펠이 메리 스크랜튼과 함께한 지방 여행 보고서를 쓰면서 그 제목을 "노년에 맺힌 열매(Bearing Fruits in Old Age)"라고 붙인 이유가 여기에 있었다. 그것은 메리 스크랜튼이 선교지로 귀환하면서 하나님께 드린 기도 제목이

---

159 M. L. Guthapfel, "Bearing Fruit in Old Age", p. 43.

기도 했다. 메리 스크랜튼은 지방을 돌면서 그 기도가 응답되고 있음을 확인하고 감사와 감격의 기도를 드렸다. 그 장면을 구타펠이 목격했다.

> 한 번은 대단히 작은 마을에 들러 점심을 먹기로 하고 아주 작은 교회에 들어간 적이 있는데, 그곳에서 스크랜튼 부인은 울먹이면서 이렇게 기도했습니다. "오, 거룩하신 아버지, 주님께서 이루신 놀랍고도 선한 일을 우리 눈으로 보게 하시니 무한 감사합니다. 불과 15년 전, 우리가 이 땅 전역을 다녔을 때는 교회 하나 볼 수 없고 어느 누구 하나 우리 그리스도 사역자들에게 인사하는 사람이 없었더니 지금은 우리 가는 곳마다 마을에서 예배당 깃발이 나부끼는 것을 보게 하셨습니다. 우리 기도를 들어주시고 응답해주신 주님의 거룩한 이름을 찬양합니다."[160]

32일간의 지방 여행은 '손녀뻘' 신참 선교사나 '할머니뻘' 고참 선교사 모두에게 은혜의 체험이었다. 메리 스크랜튼도 이 여행을 통해 확인한 바를 1906년 연회에서 자세히 보고했다.

> 구타펠 양과 함께 지방 여행을 시도했는데 32일 걸렸습니다. 우리는 16개 도시와 마을을 방문했고 이천에서 사경회를 개최했으며 가는 곳마다 아침저녁으로 집회를 열었습니다. 사람들은 우리를 대대적으로 환영했으며 돌아오고 난 후 우리 여행이 헛되지 않았다는 것을 증명하는 여러 가지 소식들을 접했습니다. 다른 지방에서도 비슷하게 방문해달라는 요청이 지금까지 쇄도하고 있는데 이런 요구에 모두 응한다는 것이 별로

---

160 M. L. Guthapfel, "Bearing Fruit in Old Age", p. 43.

현명한 것 같지는 않습니다. 할 일은 많은데 손을 대지 못하고 있는 것이 못내 안타깝습니다. 남부 지역 전체가 누런 들판이 되었는데 추수할 일꾼은 어디 있는 것일까요?[161]

개척 선교사의 눈에 한국은 추수할 일꾼을 부르는 '누런 들판'이었다. 건강과 체력 때문에 좀 더 활기차게 선교 현장에 뛰어들 수 없는 현실이 안타까울 뿐이었다. 그렇게 그는 '은퇴를 거부한' 사역자로 선교 현장을 누비고 있었다.

진명학교 설립과 평신도 신앙 교육

선교 현장에 귀환한 지 2년 만에 메리 스크랜튼에게 새로운 과제가 주어졌다. 한국의 대표적 근대 여성 교육기관의 하나로 기록되고 있는 '진명여학교(進明女學校)' 설립이었다. 이 학교는 고종 황제의 후비인 엄비(嚴妃)와 그의 사촌동생으로 군부총장직을 수행하고 있던 엄준원의 후원을 받아 설립된 '준황실(準皇室)' 학교였다. 이 학교 설립에 메리 스크랜튼이 개입하게 된 계기는 상동교회 부속 공옥여학교에 다니는 엄준원의 딸로 인해 주어졌다. 평소 근대적 여성 교육기관 설립에 깊은 관심을 갖고 있던 엄비는 엄준원을 통해 공옥여학교 교사로 있던 여메례(황메례)에게 여학교 설립의 실무를 맡겼고, 여메레는 메리 스크랜튼에게 도움을 요청함으로써 두 사람은 진명여학교 설립과 초기 정착 과

161 M. F. Scranton, "Mead Memorial Church and Kyung-keui Do", *KWC* 1906, p. 27.

진명여학교의 설립자 엄비

정에 깊이 관여하게 된 것이다.

메리 스크랜튼과 여메레의 착실한 준비로 진명여학교는 1906년 4월 고종 황제가 하사한 자하골(현 창성동) 부지와 한옥집에서 개교했는데 엄준원이 교장이었지만 학교 실무는 학감인 여메레가 맡아 보았다.[162] '양녀'의 부탁을 받고 이 일에 참여하게 된 메리 스크랜튼은 1906년 연회에서 이 학교 설립 과정을 자세히 보고했다.

> 최근 서울 북부 지역에 엄비께서 설립하신 학교에 깊은 관심을 두고 있습니다. 지금까지 우리는 그분으로부터 교육 분야의 도움을 받을 것으로 기대한 적은 없었습니다. 그런데 그분은 요즘 이런 말씀을 하십니다. "지난 12년 동안 내게는 힘이 많았습니다. 그런데 다른 많은 일은 했는데 학교 일만은 하지 않았습니다. 그런데 하느님께서 내 마음을 바꾸

162 이덕주, 『새로 쓴 한국교회 처음 여성들』, 52-53면.

셔서 지금은 학교 일이 제일 하고 싶은 일이 되었습니다." 황제께서 건물을 하사하셨고 엄비께서 사비를 들여 학교를 시작하게 되었습니다. 새 기숙사와 다른 부대시설을 건축하고 있는 중입니다. 벌써 학생 50명이 다니고 있습니다. 입학생들은 옷과 침구는 자기 부담으로 하고 나머지는 학교에서 제공합니다. 이화의 첫 번 학생들 중 한 명이었던 황메레 부인이 학교를 총괄하고 있는데 전반적으로 만족스럽습니다. 나는 이 학교에 매주 이틀씩 오전 시간을 내고 있는데 교사로서 필요한 훈련을 받은 보다 젊은 사람이 내 일을 맡아 하기를 기대합니다.[163]

메리 스크랜튼은 상동교회와 경기 남부 지역 사역으로 바쁜 중에도 진명여학교에 정기적으로 나가 영어를 가르쳤다. 게다가 1907년에 접어들어 여메레의 건강이 악화되어 진명여학교 일에서 손을 뗄 수밖에 없었는데, 결국 그가 하던 일을 메리 스크랜튼이 해야만 했다. 그는 더 많은 시간을 진명여학교에 할애했고 동료 선교사들로 교사 진용을 보강했는데, 며느리 스크랜튼 부인이 영어, 벙커(D. A. Bunker) 부인이 수학과 물리, 밀러(H. Miller) 부인이 음악을 가르치기 시작했다. 이처럼 선교사 교사들이 늘어나자 진명여학교 관계자들이 '기독교 학교'가 되는 것은 아닌가 우려하여 반대하는 분위기도 없지 않았으나 메리 스크랜튼은 슬기롭게 일을 처리해나갔다. 드러내놓고 종교 교육은 시키지 않았지만 '서두르지 말고 천천히(make haste slowly)' 학생들에게 기독교적 감화를 시켜나갔다. 그가 1907년 연회에서 진명여학교에 관련하여 보고한 내용이다.

---

163 "Mead Memorial Church and Kyung-keui Do", *KWC* 1906, p. 25; M. F. Scranton, "A Royal School", *KMF* Jul. 1906, p. 162.

지난 몇 달 사이에 학생 수가 급속히 늘어났습니다. 학생들은 공부하는 법을 배우고 있으며 교사들은 학생들로 인해 자랑스러워하고 있습니다. 학생들은 세 번 궁궐에 초청을 받아 가서 황제와 왕자, 그리고 엄비 앞에서 애국가를 불렀는데 이 분들은 대단히 기쁘고 만족스러워했습니다. 많은 사람들이 이 학교를 시작할 때 우리가 종교 교육을 시도하지나 않을까 걱정하고 우려한 것 같습니다. 어떤 이들은 '서두르지 말고 천천히' 하는 것이 좋다고 합니다. 조금씩 신앙적 교육을 시도했는데 지금은 매일 성경공부를 하고 학생들이 한목소리로 주기도문을 외운다는 사실을 기쁜 마음으로 보고드리는 바입니다.[164]

실질적인 '기독교 여학교'가 하나 더 생긴 셈이었다. 더욱이 새 학교는 황실의 전폭적이 지지와 후원을 받고 있어 교육 효과는 선교부에서 하는 학교보다 더욱 클 수도 있었다. 이런 교육이 가능했던 것은 메리 스크랜튼의 지도력과 그에 대한 황실의 전폭적인 신뢰가 있었기 때문이었다. 그로 인해 황실과 일반 사회에 기독교의 위상이 더욱 높아진 것은 물론이다.

이처럼 상동교회와 경기 남부 지역 선교 사역, 그리고 진명여학교 일로 바쁠 수밖에 없었던 메리 스크랜튼은 1906년 가을부터 또 다른 '새로운 사역', 즉 여성 평신도 사역자 양성 사업을 시작했다. 메리 스크랜튼이 담당하고 있는 상동교회와 경기 남부 지역 복음 전도와 매일학교 사역을 위해 적어도 50명의 여성 사역자가 필요했다. 그가 1900년 시작한 감리교 부인성경학원은 정규 신학교로 체계를 갖추고 전도부인을 양

164 M. F. Scranton, "Sang Dong and Southern Districts", *KWC* 1907, p. 6.

성하고 있었지만 그곳 하나만으로는 '급증하는' 여성 사역자 요구를 충족시킬 수 없었다. 그래서 메리 스크랜튼은 믿음 좋고 재능 있는 여성 평신도들을 단기간 훈련시켜 현장에 내보내기로 하고 이를 위한 단기 신학교육 과정을 시작한 것이다. 이에 대한 1907년 선교보고다.

> 지난[1906년] 11월, 나는 배우기 원하는 사람 중에 몇 가지 요건을 갖춘 여성이면 누구든 달성위궁 우리 선교부로 찾아오라고 광고하는 것으로 일을 시작했습니다. 처음엔 널리 광고를 해서 가능하면 많은 사람을 모으려 했는데 그렇게 시작해서 어느 정도 체제를 갖춘 후에 필요한 인재를 골라 쓰려는 계획이었습니다. 다행히 오하이오 웨슬리언대학을 졸업한 한국인 교사 하란사의 도움을 받게 되었습니다.[165]

이화학당 졸업생으로 미국에 유학하여 1906년 오하이오 웨슬리언대학에서 한국인 여성으로는 '최초 문학사' 학위를 받고 1906년 귀국한 하란사(河蘭史)가 교육 실무를 맡게 된 것이 큰 도움이 되었다. 예상대로 많은 여성들이 지원했다. 그는 가능하면 경험이 있는 '기혼 여성' 중에서 학생을 선발하되 목회 사역을 할 사람들이기에 자격 기준을 엄격하게 적용했다.

> 상당히 많은 이들이 지원을 했습니다. 그중에는 양반집 첩들과 궁녀 출신도 두 명이나 있었습니다. 이들은 학교 운영을 위해 어느 정도 비용을 낼 수도 있었지만 이들을 받아들인다면 우리가 바라는 부류의 여인들

165 M. F. Scranton, "Sang Dong and Southern Districts", p. 8.

이 학교에 들어오려 하지 않을 것을 우리는 알고 있었습니다. 그중 한두 명은 신분을 숨기고 들어왔지만 우리가 알고는 내보냈습니다. 어떤 학생들은 장래성이 있어 보였는데 숙식비를 낼 수 없을 정도로 가난했습니다. 그중 몇 명은 통학을 하겠다고 했는데 그 결과가 아주 좋게 나타나 우리는 이 학생들에게 기대를 걸고 있습니다. 또 몇몇 학생은 학교에 들어와 하루 종일 공부하는 데 시간을 쓰겠다고 했는데 놀라운 진보를 보이고 있습니다.[166]

엄격한 기준을 거쳐 선발된 학생들의 학업 열정과 결과는 기대 이상이었다. 지금까지 메리 스크랜튼이 기획하고 추진한 모든 사역이 그러했지만 새로 시작한 사역도 성공적이었다. 그가 이 학교에 거는 기대도 컸다. 그러나 이 사역은 선교부의 허락을 받지 않고 개인적 판단으로 시작한 것이기에 학교 규모가 커나갈수록 재정적 지원이 필요했다. 그는 이 점을 본국(미국) 교회에 호소했다.

학교는 아주 소박하게 시작했습니다. 그러나 우리는 이 학교가 굉장한 축복으로 커나갈 것을 기대합니다. 시설만 갖추어진다면 좋은 결과를 얻을 것은 분명합니다. 하지만 현재 받고 있는 것보다 더 많은 지원을 받아야 그렇게 될 것입니다. 한국 여성들은 자신에게 무엇이 필요한지 알아가고 있으며 무지가 얼마나 불행한 것인지 깨닫기 시작했습니다. 아! 우리가 해야 할 일, 그리고 당장 우리 앞에 놓여 있는 일들을 수행할 수 있도록 본국에서 도와주기만 한다면 얼마나 좋을까![167]

---

166 M. F. Scranton, "Sang Dong and Southern Districts", pp. 8-9.

이 평신도 여성 신학 교육이 실질적으로 메리 스크랜튼이 한국에서 마지막으로 실시한 '새로운 사역'이었다. 1907년 말부터 그의 건강이 또다시 악화되면서 의사의 '강력한' 권고로 지방 여행은 엄두도 못 내고 서울에 머물면서 전도부인들을 통해 지방 교회와 매일학교를 지원하고 관리하는 정도로 만족해야 했다. 그에겐 '우울한' 현실이었다. 그를 더욱 우울하게 만든 것은 아들 스크랜튼 박사의 감리교 선교사직 사임이었다. 스크랜튼 박사는 귀환 후 장로사직을 수행하면서 한국과 일본 주재감독인 해리스 감독과 선교 정책에서 이견을 보여 갈등을 빚었는데 결국 1907년 6월 연회에서 선교사직과 목사직을 사임하고 감리교회를 떠난 것이다.[168] 그러나 스크랜튼 박사는 선교사직을 사임했지만 계속 한국에 남아 개인적으로 의료 분야에서 사역하면서 어머니의 '마지막' 선교 사역을 후원했다.

마지막 가는 길, 그리고 남긴 흔적

1908년을 보내고 1909년에 접어들면서 메리 스크랜튼의 건강은 눈에 띄게 나빠졌다. 지방 순회는 엄두도 못 내고 상동교회와 진명여학교 일

167 M. F. Scranton, "Sang Dong and Southern Districts", pp. 8-9.

168 스크랜튼의 사임 이유 중 가장 큰 것은 '친일적' 선교 정책과 방법론을 고집하는 해리스 감독과의 불화였다. 일본 선교 30년의 경험에서 해리스 감독은 한국인들의 감정을 거스를 만한 '친일적' 발언과 정책을 수행했는데 이런 그에게 스크랜튼은 '중립적' 입장을 요구했지만 통하지 않고 다른 선교사들도 그보다는 해리스를 지지함으로 결국 선교본부에 사의를 표명했다. W. B. Scranton's letter to A. B. Leonard, Jun. 14, 1907; *KMEC* 1907, p. 16; "유명한 매년회", 『신학월보』, 1907. 2호.

도 거의 손을 떼었다. 자리에 누워 보내는 시간이 늘어났다. 전 같으면 다시 미국으로 돌아가 치료를 받을 만했는데 이번에는 귀국을 포기했다. 아들도 선교사직을 사임했기 때문에 더 이상 한국에 남아 있을 필요가 없었다. 그러나 메리 스크랜튼이 귀국을 포기하고 누워 있을망정 한국에 남은 것은 1904년 귀환할 때 이미 마음속에 한국을 '죽을 자리'로 택한 때문이었다. 그는 사반세기 자신의 모든 것을 바쳐 헌신한 한국 땅을 자신의 '영원한 안식처'로 삼기로 결심한 것이다. 아들도 그런 어머니의 결심을 존중하여 선교사직 사임 후에도 한국을 떠나지 않고 마지막 시간을 보내는 어머니 곁을 지켰다. 후배 선교사들도 그런 '노선교사'의 모습을 감동으로 지켜보았다. 1909년 여성해외선교회 선교보고에 나오는 대목이다.

> 스크랜튼 부인은 상동에서 사역을 계속했는데, 그가 밖으로 나가지 못할 때는 부인들이 그를 만나러 와서 조언과 도움을 받고 있다. 그는 여섯 명 이상 전도부인들을 지휘하고 있으며 규모가 커진 상동 매일학교를 관리하고 있다. 그는 약 25년 동안 한국에 자신을 바쳤으며 그 백성들로부터 사랑을 받았다. 한국인들은 그를 사랑하는 친구로 알고 있으며 도시는 물론 시골에서도 그를 '노부인'이라 부르는데 그것은 대단히 명예로운 칭호다. 그는 혼신의 힘과 정성을 다해 여성을, 그리고 한국인들을 사랑했다. 그는 떠날지라도 그가 기울인 교육의 열매는 계속 맺힐 것이다.[169]

---

169 *WFMS* 1909, p. 177.

자리에 누워서 그를 찾아오는 선교사와 전도부인들을 지휘하는 '병상 선교'를 지속했다. 선교는 그가 포기할 수 없는 지상명령(great commission)이었다. 이런 그의 마지막 모습을 가까이서 지켜보았던 힐먼의 보고는 더욱 구체적이다.

> 나이 때문에, 그리고 의사의 충고 때문에 원하는 만큼 지방 순회여행을 하지는 못했다. 최근 몇 년 동안 그래도 1년에 한 차례 지방 여행을 했는데 4백 마일이 넘는 경우도 있었다. 70이 넘은 노인이 한 달 이상 걸리는 지방 여행을 지속한 것이다. 그 당시 그를 만나 교육을 받은 여인들은 지금까지도 최상의 표현을 써가며 그의 방문과 가르침을 칭찬해 마지않는다. 지난 겨울, 하루는 상동 매일학교에 영어 교사가 필요하다는 말을 듣고 선생을 구할 때까지 매일 나가서 영어를 가르쳤다.[170]

이어서 메리 스크랜튼의 마지막 운명의 순간을 힐먼은 이렇게 증언했다.

> 스크랜튼 부인의 마지막 병수발을 들었던 간호사는 고통을 참아내는 그의 인내심에 놀라움을 금치 못했다. 기도 한 번 하고, 찬송 한 장 부르고, 성경 한 번 읽고 그 힘으로 쓴 약과 먹기 힘든 음식을 들었다 한다. 그를 돌보는 이들에 대한 지극한 사랑과 근심은 단지 육체적인 면뿐 아니라 영적인 면까지 포함되었다. 마비 증세가 오기 사흘 전, 그의 요청으로 집안 하인들과 가까이서 함께 사역했던 교인들을 초청하여 마지막 성

170 M. R. Hillman, "Mrs. M. F. Scranton", p. 13.

찬식을 거행했다. 그리고 이후 며칠 목숨을 근근이 이어가다가 1909년 10월 8일, 이른 아침 본향의 부르심에 응했다.[171]

메리 스크랜튼의 장례식은 그가 모금해온 기금으로 건립한 상동교회 '미드미모리알회당'에서 거행되었는데, 서울과 지방 교인뿐 아니라 일반 인사들도 대거 참석하여 한국 교회와 민족을 위해 아낌없이 자신을 희생한 '노부인'에게 마지막 경의를 표했다. 그 가운데는 고종 황제가 보낸 정부 관리도 있었다. 장례식에 대한 힐먼의 증언이다.

> 스크랜튼 부인은 모든 계층 사람들에게 사랑을 받았다. 장례식 날, 운구를 하기 한 시간 전에 궁궐에서 관리가 나와 그의 시신이 담긴 관 앞에서 세 번 절을 하여 예를 표했다. 한국인들은 그가 만약 자기 나라에 있었더라면 왕비가 되고도 남았을 것이라고 입을 모았다. 이들 마음속에 그가 왕비로 남았다는 증거는 연령과 성별과 신분을 초월하여 수천 명이 마지막 안식처인 한강변까지 운구하는 5마일을 뒤따랐다는 것이다.[172]

메리 스크랜튼의 시신은 양화진 외국인 묘지에 안장되었는데 "연령과 성별과 신분을 초월한 수천 명이" 상여를 따라 5마일 긴 행렬을 이룬 것은 1898년 안식년 휴가를 맞아 서울을 떠날 때 서울 지역 교인들이 모여 '월강송별예식'을 거행했을 때의 그 모습을 재현한 것이었다. 그는 이런 식으로 귀국을 거부하고 한국에 '영구 잔류'를 선택한 것이다. 메리 스크랜튼이 한국에서 보여준 25년 사역, 그리고 그의 마지막 운명과 장

171 M. R. Hillman, "Mrs. M. F. Scranton", p. 13.
172 M. R. Hillman, "Mrs. M. F. Scranton", p. 13.

메리 스크랜튼의 묘소(한국, 서울)(좌)와 윌리엄 스크랜튼의 묘소(일본, 고베)(우)

례 모습은 교회뿐 아니라 일반 사회에도 깊은 인상을 심어주었다. 그것은 한말의 대표적인 민족 언론지인 『대한매일신보』에 실린 다음과 같은 사설에서 확인할 수 있다.

> 슯흐다. 부인의 열성과 인내하는 마음이며 그 짝이 실노 드물도다. 이런 열성과 이런 인내의 마음으로 인하여 한국 여자의 학문계에 밝은 빗치 비로소 드러나서 안방 깁흔 구석에서 술과 밥이나 짓는 법을 의론하던 여자들의 지식이 자라며 구습을 바리고 진리를 득신하며 장래 여자의 모범이 되엿스니 이는 부인의 사업이러라. 엇지 다만 여자뿐이리오. 곳 남자라도 무릇 한국인 된 자는 부인을 향하여 절을 하고 치하치 아니리 업스리로다.[173]

교회 안에서, 교인들로부터 받은 칭송과 감사가 아니기에 그 의미는 더욱 크다. 이처럼 메리 스크랜튼은 교회뿐 아니라 일반 사회에서, 여성뿐 아니라 남성들로부터도 큰 존경과 칭송을 받으며 한국에서 25년 선교 사역을 마쳤다.

그를 기억하는 모든 사람들이 그에게 '노부인', '대부인' 칭호를 붙여가며 최상의 존경을 표한 것은 그의 삶과 사역에서 보여준 '초월적' 헌신과 희생 때문이었다. 어렵게 키운 외아들이 명문 대학을 나와 의사가 되어 편하게 노후를 즐길 수 있었음에도 불구하고 "아직도 복음이 들어가지 않아 무지와 암흑 속에 불행한 삶을 살고 있는 나라가 있다"는 소식을 접하고 52세 나이에 아들 내외를 설득하여 개척 선교사로 나온 것부터 시작하여, 이화학당을 설립하여 '버려진 여성'을 교회와 사회 지도자로 육성한 일, 여성 속회와 여성 교회를 설립하여 진리에 목말라하는 여성들에게 말씀을 가르치고 희망을 심어준 일, '선한 사마리아인'의 사랑을 가지고 서대문 밖 애오개와 남대문 시장거리, 동대문 성벽 아래 '버려진' 민중 속에 들어가 복음을 전하며 교회를 시작한 일, 전도부인과 함께 힘들고 어려운 지방 순회 전도여행을 감행하여 '땅 끝까지' 복음을 전하여 교회와 매일학교를 설립한 일, 성경공부반과 부인성경학원을 통해 전도부인을 양성하여 '한국 여성이 한국 여성에게' 복음을 전하는 토착 선교의 전통을 수립한 일, 공옥여학교와 진명여학교를 설립하여 교회와 일반 사회의 가교 역할을 할 수 있는 여성 지도자들을 배출한 일, 그리고 무엇보다 '양녀'인 이경숙과 여메레, 그리고 하란사와 박에스터, 백헬렌, 김사라, 강세실리아 등과 같은 '걸출한' 여성 지도자를

173 "시크란톤씨의 대부인 상사를 조상함", 『대한매일신보』, 1909. 10. 10.

키워냄으로써 한국 교회를 발전시키고 한국 사회의 근대화와 개혁을 주도하도록 만든 것이 그를 높여 칭송할 수밖에 없는 이유일 것이다.

메리 스크랜튼의 이러한 삶과 사역이 '영원한' 것은 이 모든 것이 그가 믿었던 기독교 신앙에서 비롯된 것이기 때문이다. 그가 한국에 와서 보여준 초월적이고 희생적인 삶과 사역은 그가 평생 정신적 바탕과 행동의 원리로 삼았던 '예수 사랑의 실천(practice of love in Christ)'이었음은 두말할 필요가 없다. 그리스도의 사랑이 영원한 것이기에 거기서 비롯된 삶과 사역도 영원할 수밖에 없다. 그래서 1909년 그의 마지막 순간을 지켜보았던 후배 선교사들은 다음과 같이 예언했던 것이다.

> 그는 떠날지라도 그가 기울인 교육의 열매는 계속 맺힐 것이다.[174]
>
> (Her teachings will bear fruit, even though she is no longer present)

---

174 *WFMS* 1909, p. 177.

메리 F. 스크랜튼을 찾아서:

무명의 한 유명인이 남긴 놀라운 유산에 대한 탐구

엘렌 스완슨

(장양미 옮김)

메리 스크랜튼을 찾는 여정을 시작하며

이 글 〈메리 F. 스크랜튼을 찾아서〉는 19세기 감리교 선교사였던 메리 F. 스크랜튼(Mary F. Scranton)이라는 인물이 유년 및 청년 시절을 거쳐 결혼하고 나중에 과부가 되어 보낸 10여 년의 시간을 되돌아보면서 시작한다. 나는 그녀에 관한 책을 쓰는 데 필요한 준비작업의 일환으로 이 논문을 기획했다. 최종 목표는 메리 F. 스크랜튼이라는 뉴잉글랜드 출신의 한 여성이 한국 사회에 바친 헌신을 그녀가 한국에 오기 전 미국에서 보낸 52년간의 삶과 관련지어 살펴보는 것이다. 한국에 오기 전 그녀에게 영향을 끼친 사람, 장소, 사건, 제도들을 바탕으로 하나의 역사적 관점을 수립하고 이에 비추어 그녀의 한국 사역을 살펴보는 것이 궁극적 바람이라는 말이다. 여기서는 이 목적을 이루기 위해 약 2년 반에 걸쳐 다각도에서 수행한 연구를 요약하려고 한다.

19세기에 살았던 한 소녀를 찾으려면 그 부모를 찾아야 한다. 19세기에 살았던 한 기혼 여성을 찾으려면 그 남편을 찾아야 한다. 이것은 메리 F. 스크랜튼을 찾기 위해 수많은 시간을 들여 그녀뿐만 아니라 그 일가친척까지 찾아보아야 했음을 의미한다. 나는 그녀의 족보를 사방팔방으로 추적하여 기록했다. 족보도서관, 공공도서관 역사실, 코네티컷과 매사추세츠의 도시 및 마을 언덕에 자리 잡은 묘지, 교회와 시청의 먼지

쌓인 지하실, 온라인상의 족보 웹사이트 및 문서보관서 등이 그동안 알려지지 않았던 매우 중요한 자료들을 제공해주었다.

한 개의 단서도 찾지 못한 채 몇 시간을 보낸 것은 말할 것도 없고, 때로는 단 한 개의 단서도 찾지 못한 채 며칠씩이나 허비한 적도 있다. 그러다가 갑자기 예기치 않게 새로운 정보—비명(碑銘), 호적부에 기록된 날짜, 교회 기록에 첨부된 친필 메모—가 나타나 가슴에 품고 있던 의문에 해답을 제시해주는가 하면 또 새로운 의문을 야기한 적도 많았다. 메리 F. 스크랜튼을 찾는 일은 마치 끝이 없는 미로 속을 헤매는 것과 같았다. 서로 연결된 수많은 길들이 펼쳐진 만화경(萬華鏡)을 들여다보는 것 같았다. 그만큼 여러 요소들이 얽히고설켜 있었던 것이다. 그래서인지 단 한 순간도 지루할 틈이 없었다. 메리 스크랜튼이라는 인물을 추적하는 모든 과정이 내게는 큰 기쁨이었다.

여기서 전개될 이야기는 내가 이제까지 발견한 것들에 대한 요약이다. 아직까지 찾지 못한 퍼즐 조각이 몇 개 남아 있고 다른 세부사항들을 좀 더 다듬어야 하지만, 나는 스크랜튼 부인의 가족과 그녀가 살았던 장소들을 밝혀내는 성과를 이루었다. 나아가 그 시대의 사회 제도가 그녀의 삶에 어떤 영향을 끼쳤는지를 규명하는 작업에도 착수했다. 따라서 앞으로 출간될 책에서는 어떻게 해서 감리교회(Methodist-Episcopal Church)가 그녀의 소녀 시절을 논할 때 빼놓을 수 없는 요소가 되었는지, 그리고 감리교 여성해외선교회(Woman's Foreign Missionary Society, 이하 WFMS로 표시)는 그녀의 한국 활동을 후원한 기관으로서 어떤 역할을 담당했는지 구체적으로 논의될 수 있을 것이다.

아마도 이 미국 여성은 수잔 앤소니(Susan B. Anthony), 루크레티아 모트(Lucretia Mott), 엘리자베스 스탠튼(Elizabeth Cady Stanton)과

같은 위대한 인물들보다, 아니 이 세 인물을 합친 것보다 더 많은 활약을 했을 것이다. 그럼에도 불구하고 누구도 여성 역사의 달(Women's History Month)에 메리 F. 스크랜튼을 기리지 않는다. 그리고 내가 알기로 대학의 여성학 강좌에서도 그녀에 대해 가르치지 않는다. 하지만 그녀는 역사적으로나 학문적으로나 가치 있는 인물이다. '무명의 한 유명인'이라는 모순어법을 사용하여 이 글의 제목을 지은 것은 메리 F. 스크랜튼과 그녀가 남긴 놀라운 유산이 한국에서는 꽤 알려져 있지만 미국에서는 한국과 깊은 관련을 맺고 있는 특정 학회 및 신학기관을 제외하고는 그녀에 대해 아는 이가 거의 없다는 사실을 보여주고 싶었기 때문이다.

예전에 나는 그녀에 대해서나 이화여자대학교, 이화여자고등학교, 이화여자외국어고등학교—모두 스크랜튼 부인을 존경하는 설립자라고 밝힌 여성 교육기관—에 대해서 단 한 번도 들어본 적이 없었다. 그때까지 나는 한국에 살아본 적도 없었다. 그러다가 메리 F. 스크랜튼이 일가족과 함께 샌프란시스코에서 아라빅호에 승선한 지 한 세기하고도 10여 년이 지난 1997년 3월, 나는 동족상잔의 비극이 만들어낸 남북분단, 비무장지대, 고아로만 알려진 나라를 향해 뉴욕발 대한항공 비행기에 몸을 실었다. 기억하기로 나는 탑승한 비행기 안에서 유일한 백인이었다. 인생에서 처음으로 외국인이 된다는 느낌이 어떤 것인지를 맛보았다. 직업적 경계가 불분명해지는 경우가 간혹 있기는 했지만, 나는 종교가 아닌 교육 관련 일을 하기 위해 한국에 왔다. 내가 둥지를 튼 곳은 한반도 남단에 위치한 마산이라는 중소 도시였다. 옛 정취가 남아 있는 이 도시의 한 대학에서 영어를 가르치게 되었던 것이다.

거의 4년에 걸친 나의 아시아 탐험이 시작된 1997년, 나는 한국사에

매디슨의 한 주택에 걸려 있는 문장(紋章). 스크랜튼 가문에서 이 집을 지었음을 보여주고 있다

대해 서술한 한 책에서 메리 F. 스크랜튼이라는 인물을 발견했다. 미국에 있을 때 스크랜튼가의 계보와 이 집안에 관한 이야기들을 간직하고 있는 코네티컷 주의 매디슨에서 살았던 탓에 나는 한국 역사책에 스크랜튼이라는 인물이 언급되어 있는 것을 보았을 때 적잖이 놀랐다. 코네티컷에 사는 내 이웃들은 스크랜튼 집안 사람들이었다. 매디슨의 주택을 장식하고 있는 문장(紋章)들에는 스크랜튼가의 어떤 이가 몇 년도에 집을 지었다는 것이 기록되어 있다. 사실, 매디슨에서 내가 처음 살던 집도 스크랜튼가 사람들을 위해 지은 대저택에 딸린 사랑채였다. 메리 스크랜튼이라는 여인이 아버지를 기리기 위해 세운 매디슨 스크랜튼 기념도서관(Madison's Scranton Memorial Library)의 역사실 벽에는 다른 메리 스크랜튼—메리 E. 스크랜튼—의 초상화가 걸려 있다.

그러나 매디슨 지역의 스크랜튼가에 대해 신비하다는 인상을 받았음에도 불구하고, 이후 10년의 세월 동안 이화여자대학교를 설립한 메리 스크랜튼이라는 베일에 싸인 신비로운 인물은 내게 완전한 수수께끼로

코네티컷 주 길포드에 위치한 유서 깊은 스크랜튼 가문의 집

남아 있었다. 고향 주변의 그 누구도 1880년대에 한국으로 건너간 먼 친척에 대해 들어본 적이 없었다.

메리 스크랜튼의 뿌리를 찾고 싶은 욕구가 이따금씩 고개를 들긴 했지만, 나는 10년이라는 꽤 긴 시간 동안 이러한 생각을 마음속 한 구석에 묻어두었다. 그렇게 지내던 2007년 10월 어느 날, 이화여자외국어고등학교에 다니던 친구의 딸과 갑작스럽게 전화 통화를 하게 되면서 잦아들었던 관심의 불씨가 되살아났다. 대화의 주제는 어느새 스크랜튼 홀에서 스크랜튼 박물관으로, 이어서 근래 설치된 스크랜튼 대학으로 옮겨갔다. 모두 이화 캠퍼스에 속해 있는 기관들이었다. 그 후, 매디슨 스크랜튼 기념도서관의 사서들, 끊임없는 직감, 그리고 윌리엄 지겔바우어(William [Bill] Ziegelbauer)의 수상 논문 덕분에 메리 F. B. 스크랜튼(Mary Fletcher Benton Scranton)의 삶의 단편들이 펼쳐지기 시작했다.

지겔바우어의 논문 "메리 F. B. 스크랜튼이 뿌린 희망의 씨앗: 한국에 대한 그녀의 비전, 1885-1895(Sowing the Seeds of Hope: Mary F.

1909년 코네티컷 매디슨에 위치한 스크랜튼 기념도서관의 모습(좌)과 메리 E. 스크랜튼의 초상화(우)

B. Scranton's Vision for Korea, 1885-1895)"는 2007년 스키엔티아(Scientia) 출판사에서 발행되었으며 메리우드대학교 웹사이트에서도 찾아볼 수 있다. 메리 스크랜튼의 한국 체험을 다룬 그의 논문은 그녀가 남긴 유산에 대해 몇 가지 단서를 제공한다.

2007년 11월 어느 일요일, 나는 뉴욕에서 지겔바우어를 만나 점심식사를 같이 하며 함께 일하기로 결정했다. 우리는 이 놀라운 여인이 정당한 평가를 받을 수 있도록 어떤 일을 해야 한다는 데 합의했다. 한반도 외에는 메리 F. 스크랜튼의 업적을 아는 나라가 거의 없다. 더군다나 그녀가 아시아 땅을 밟기 전 미국에서 보낸 시간과 그곳에서의 활동에 대해서는 한국과 미국 그 어디에도 알려진 바가 거의 없다.

이 만남 이후 나는 메리 스크랜튼의 삶을 기록하려고 애썼다. 그 과정에서 이화를 설립한 메리 F. 스크랜튼이 결혼을 통해 매디슨에 도서관을 세운 메리 E. 스크랜튼과 인척관계를 맺게 되었다는 사실도 알게 되었다. 둘 사이에 1600년대에 영국에서 코네티컷으로 건너온 스크랜튼 가문의 일원이라는 공통분모가 있다는 말이다. 심지어 나는 해외에 거주하면서 이 유산을 함께 물려받은 고손자들까지도 만나보았다. 그것은

뉴헤이븐에 위치한 그로브가 공동묘지. 1872년 사망한 메리 스크랜튼의 남편은 그의 형제 및 다른 가족과 함께 묻혀 있다. 오른쪽 사진은 단체 비석이다. 윌리엄 T. 스크랜튼이 남북전쟁에서 북군으로 참전했기 때문에 별 모양의 표지와 함께 국기가 걸려 있다.

이제껏 경험한 것 중에서 가장 재미있는 모험이었다.

이 연구를 시작한 이래 계속해서 머릿속을 맴도는 중요한 질문이 하나 있다. 아시아에 위치한 한반도에 큰 빛을 던져준 여인이 어떻게 조상이 묻혀 있고 자기가 나고 자란 고향땅에 알려지지 않은 채 그림자 속에 갇혀 있을 수 있단 말인가? 이에 대한 설명은 때로는 사실에, 때로는 개인적 의견에 근거하고 있기 때문에 이론적일 수밖에 없지만 그래도 나는 나름대로 어떤 관점에 입각하여 이 질문에 답하려고 노력했다.

메리 F. 스크랜튼이 인생의 전반부에 해당하는 50여 년을 미국에서 보낸 미국인임에도 불구하고 한국 여성에 대한 그녀의 공헌이 고향에 알려지지 않은 것은 부분적으로 그녀가 미국 바깥에서 업적을 쌓았기 때문일 것이다. 그녀가 뉴헤이븐 그로브가에 위치한 공동묘지에 자리한 남편의 무덤 곁이 아닌 서울의 양화진 외국인 공동묘지에 묻혀 있다는 사실 또한 해답을 던져준다.

이 수수께끼에 답을 제공하는 다른 요소들은 한국, 역사, 여성, 전쟁에 대한 인식과 관련되어 있다. 미국인들은 한국 전쟁에 입각해서 한국사를 보는 경향이 있다. 따라서 고립된 지역에 살고 있는 많은 미국인들에게는 한국에서도 여권 신장이 이루어져 여성도 교육을 받고 권력을 갖는다는 사실이 믿기 어려운 이야기이다. 의사, 수의사, 변호사, 고등학교 교사 등 소위 교양 있는 사람들에게조차 한국 여성들이 대학에 다닌다는 생각이 낯설다니 한국에 대한 미국인들의 인식에 대해서는 더 이상 두말할 필요도 없다. 상황이 이렇다 보니 한 미국 여성이 1885년에 한국으로 건너가 뿌린 씨앗이 세월이 흘러 많은 존경을 받는 세계 최대의 여자대학교라는 열매를 맺었다는 사실에 때때로 큰 의혹의 시선이 쏠렸던 것이다.

하지만 미국에서 메리 F. 스크랜튼이 한국에서 이룬 업적에 대한 정보가 부족한 것은 그녀가 선교사라는 사실과 관련해서 볼 때 가장 잘 이해될 수 있을 것이다. 19세기 미국 사회를 논하려면 반드시 종교의 역할을 살펴보아야 한다. 하지만 오늘날 종교는 주로 사적인 문제로 치부된다. 한때 메리 스크랜튼이 살았고 오늘날 내가 살고 있는 코네티컷에서는 예배를 드릴 때와 가까운 일가친지와 대화를 나눌 때를 제외하고 종교에 대해 말하는 것은 금기시된다. 한국 문화는 "나이가 어떻게 되세요? 결혼은 하셨나요? 기독교인이신가요?"와 같은 질문들을 용인할 뿐만 아니라 심지어 권장하는 반면, 내가 사는 지역의 사람들에게 이러한 형태의 질문은 간섭으로, 심지어는 무례한 것으로 간주된다.

비록 전문가 집단과 교재들이 미국의 선교 시대를 다루고 있다고는 하지만, 신학 및 관련 학술 공동체를 제외하면 이 시대는 미국사의 전체 골격을 이루는 요소로 평가받지 못하고 있는 실정이다. 신학적 사고방식에 익숙지 못한 사람들에게—심지어 신학적으로 사고하는 사람들에게조차도—선교사라는 개념은 다른 이들에게 자신의 가치를 강요하는 사람들이라는 이미지를 상기시키기 때문에 사람들은 이 주제를 피하려고 한다. 종교가 대화 주제가 되는 순간 사람들은 미국의 원주민(인디언)을 기독교인으로 만드는 데 실패한 데에는 강압적인 선교사의 탓이 크다는 사실을 떠올린다. 그렇기 때문에 대한민국이 오늘날 아시아에서 가장 기독교화된 나라이며 메리 스크랜튼과 그 아들을 포함하여 여러 선교사들이 이 과정에서 큰 공헌을 했다는 사실은 어쩌면 우리에게 하나의 계시처럼 다가올지도 모른다.

이러한 사회적 분위기에 매우 개인적인 관점까지 더해져 나는 종교가 여성의 진보에 방해가 된다고 생각하도록 길들여졌다. 그만큼 한국 여성이 더 나은 삶을 쟁취하는 데 종교 조직이 도움이 되었다는 것은 매우 놀라운 사실이었다.

메리 스크랜튼이 남긴 유산이 코네티컷과 매사추세츠에 살던 조상들의 땅, 그녀가 자신의 인격을 형성한 땅에 제대로 알려지지 않은 또 다른 이유는 감리교의 특성 자체와 관련이 있다. 감리교 목사였던 그녀의 아버지를 추적함으로써 메리 스크랜튼의 발자취를 더듬어가는 과정에서 나는 지역 역사가들로부터 그들의 고장에는 감리교회가 없었다, 그렇게 일찍부터 존재하지는 않았다, 이 교파는 성공을 거두지 못했다, 감리교도들은 기록을 남기지 않았다, 감리교 성직자들은 한 곳에 오래 머물지 않았기 때문에 불안정한 삶을 영위했다는 등의 이야기를 수없이 들었다.

메리 스크랜튼의 시대에는 회중교회(Congregationalism)가 지역 공동체의 종교적 구심점이었다. 반면, 감리교도들은 논쟁적이고 열변을 토하며 자기 영역을 개척하는 새 이주민이었다. 감리교도들은 실제로 여러 지역을 순회했으며, 선교가 감리교의 특징이었다. 따라서 목사는 일부러 단기직으로 뽑았다. 이 목사들은 그들이 파송된 마을과 도시에 뿌리를 내리는 법이 거의 없었다. 반면, 회중교회 목사와 그 가솔들은 흔히 한두 공동체에서 여생을 보냈다. 어떤 때에는 그 후손이 같은 지역에 계속 거주하는 경우도 볼 수 있다. 그 당시 회중교회 목사들은 뉴잉글랜드 지역에 뿌리를 내렸기 때문에 오늘날 지역 역사가들은 회중교회 교구민의 이름과 활동 및 그 후손에 관한 기록을 쉽게 찾을 수 있다. 대체로 이 역사가들은 감리교 교회보다 회중교회의 구조를 훨씬 더 잘 이해하고 있다.

이상 설명한 모든 것들이 메리 F. 스크랜튼의 소녀시절을 구체적으로 밝히는 데 장애가 되었다.

메리 스크랜튼이 남긴 유산이 코네티컷과 매사추세츠에 살았던 조상들의 땅이자 그녀가 인격형성기를 보낸 땅에 잘 알려지지 않은 이유를 탐구하는 것과 더불어 여기서 밝혀두고 싶은 몇 가지 사항이 있다.

첫째, 나는 이중의 독자를 가정하고서 내 연구를 논문에서 책으로 발전시키고 있다. 다시 말해, 나는 한국 독자와 미국 독자를 염두에 두고 연구를 진행하고 있다. 한국의 학생과 신학자, 그리고 학계에서 스크랜튼 부인의 족보에 관심이 없다면 그것은 이해할 수 있다. 하지만 내가 살고 있는 코네티컷 사람들에게 그녀의 족보는 어떤 가치를 지닐 뿐만 아니라 그들과도 관련이 있다. 왜냐하면 그곳에 여전히 그녀의 유전자 풀이 있기 때문이다. 스크랜튼가의 후손들은 내 이웃들이다. 한국 땅에 발을 딛기 수십 년 전부터 나는 그들 중 몇 명과 교분이 있었다. 우리 집 주인은 스크랜튼 부인의 먼 친척이다. 지난 25년간 내가 알아온 사람들은 어떤 식으로든 스크랜튼가와 연관되어 있다.

한국인들은 메리 F. 스크랜튼과 그 아들이 한반도에서 이룬 업적 때문에 그들의 인격형성기에 관심이 많다. 하지만 같은 주제가 코네티컷과 매사추세츠의 사람들의 가슴에 와 닿게 하기 위해서는 이 문제를 그들에게 의미 있는 것으로 만들어야 한다. 족보는 내가 이 두 인물과 미국인들을 이어주는 연결고리이다. 결론적으로 말하자면 이제까지 내가 해온 작업은 메리 F. 스크랜튼과 이화를 그녀의 조상들이 살았던 코네티컷과 매사추세츠의 유서 깊은 사회와 친척들에게 소개하는 일이었다.

둘째, 메리 F. 스크랜튼이 내가 태어나서 처음 기억하는 코네티컷 주 톨랜드라는 작은 마을에서 유년기를 보냈을 가능성이 높다는 것을 발견했을 때 속된 말로 온몸에 '닭살'이 돋았다. 그때 이후로 메리 스크랜튼과 그녀의 인격형성기는 내게 개인적인 문제가 되었다.

셋째, 최근 미국에서 족보 찾기가 '대유행'하게 된 현상과 더불어 인터넷의 발달—조상 관련 웹사이트의 수 및 검색 급증—로 연구하기가 한결 수월해졌다. 인터넷상에서 역사책들을 아주 빠른 속도로 내려받을 수 있게 되면서 정보 검색 시간이 확연히 줄어들었다. 5년 전만 해도 이처럼 거대한 역사 연구는 불가능한 것까지는 아니라고 해도 아주 오랜 시간이 걸리는 작업이었다. 일례로 내가 연구를 시작한 2007년에는 메리 스크랜튼 혹은 메리 F. 스크랜튼을 인터넷 검색창에 입력하면 화면에 약 한 페이지 분량의 검색 자료가 떴다. 하지만 오늘날에는 그 수가 무려 13,000여 개에 달한다. 모든 정보가 우리가 찾고 있는 메리 스크랜튼과 관련된 것은 아니라 해도 이는 실로 놀라운 변화이다.

마지막으로 여기서 밝혀두고 싶은 가장 중요한 사항은 메리 F. 스크랜튼이 한국에 오게 된 계기와 관련하여 과거에 내가 빠졌던 함정에 대한 것이다. 이전 논문들에서 나는 메리 스크랜튼이 한국행을 선택한 것은 아들과 함께 있고 싶었기 때문이라고 진술했다. 물론 이것은 사실이다. 하지만 최근 이 주제에 대한 내 생각에 꽤 극적인 변화가 있었다.

처음에는 19세기 여성의 역할에 대한 이해가 불완전했던 탓에, 나는 메리 F. 스크랜튼이 인생이 지루하고 외로운 나머지 새로운 삶의 활력소를 찾고자 머나먼 아시아의 한 나라로 향하는 위험천만한 해로 여행을 감행한 것이라는 잘못된 생각에 빠져 있었다. 더욱이 당시에 이런 생각을 하는 사람이 나뿐이었던 것도 아니었다. 하지만 진실은 머지않아 드러났다.

메리 F. 스크랜튼이 샌프란시스코에서 아시아행 아라빅호에 승선한 1885년, 그녀는 한반도에서 '여성을 위한 사역'을 하겠다는 아주 확고한 목적을 가지고 있었다. 한국에 도착한 지 1년밖에 되지 않은 1886년에 이 나라 최초의 여학교인 이화학당을 세웠다는 사실이 그 증거이다. 감리교 여성해외선교회가 선교에 대한 그녀의 열망을 재정적으로 지원해주었다는 사실도 이를 뒷받침해준다.

그러나 나는 이 생각을 좀 더 확대하려고 한다. 감리교회 선교국이 메리 F. 스크랜튼의 아들에게 최초의 한국 의료선교사가 되어달라고 요청했을 때, 그녀는 이 과정에서 이전에 역사에서 인식하던 것보다 좀 더 큰 중요성을 차지하지 않았을까? 다시 말해, 메리 스크랜튼의 나이, 지위, 감리교회와의 관계-특히 여성해외선교회와의 관계-가 그녀의 아들이 선교사로 발탁되는 데 어떤 역할을 하지 않았을까? 감리교회 선교국의 주요 인사들이 아들을 선발한 것은 한국에서 시작할 여성 사업의 적임자로 메리 스크랜튼을 염두에 두었기 때문이지 않을까?

앞으로 내가 제시하는 것은 추정적 단서 위에 세운 약한 이론에 불과하다. 시간이 지나 보다 직접적인 증거를 제시할 수 있게 되기를 바랄 뿐이다. 하지만 만에 하나 이 이론이 완전한 오류로 밝혀진다고 하더라도, 수많은 한국 여성들을 위한 끊임없는 선행이 맺은 열매만큼은 절대

부정할 수 없을 것이다. 메리 F. 스크랜튼이라는 이름의 한 여인이 뿌린 씨앗이 큰 차이를 만들어내고 세계를 영원히 바꿔놓았기 때문이다.

이 논문의 나머지 부분은 다음과 같은 내용을 밝히는 데 초점을 맞출 것이다. 첫째, 인구 통계를 바탕으로 메리 F. 스크랜튼이란 인물이 누구인지를 탐구해보고, 둘째, 메리 F. 스크랜튼에 관한 정보를 미국에서 찾기 힘든 이유를 규명해보며, 셋째, 감리교회 해외선교국이 메리의 아들인 윌리엄 스크랜튼(William Benton Scranton) 목사를 최초의 한국 의료선교사로 발탁했을 때, 메리가 담당한 역할이 이전에 인식되던 것보다 크다는 것을 입증할—또는 반증할—토대를 마련할 것이다.

그런데 논의를 이어가기에 앞서 먼저 감리교파와 감리교 선교에 대해 간략히 살펴보려고 한다. 이것은 이상 밝힌 몇 가지 사항을 규명하는 데 도움을 줄 것이다.

미국 감리교 및 여성해외선교회(WFMS)의 탄생

다른 여러 개념이나 제도와 마찬가지로 감리교도 영국에서 미국으로 들어왔는데, 미국 감리교 설립의 주역은 웨슬리 형제였다. 뉴욕은 감리교회(Methodist Society)의 첫 번째 고향으로 1766년 아일랜드 이민자들에 의해 설립되었다. 그로부터 7년 후인 1773년, 필라델피아의 성 조지교회(St. George Church)는 미국에서 최초로 열린 감리교 총회의 고향이 되었다. 이 사건들은 미국이 대영제국으로부터 독립한 1776년보다 먼저 일어났다.

감리교는 누구나 구원받을 수 있다고 선포했다. 그 결과 감리교는 가난한 사람들에게 엄청난 호소력을 발휘한 반면 부유한 사람들에게는 잠재적 위협이 되었다. 그 당시에는 구원을 받을지 영원한 저주를 받을지는 태어날 때부터 이미 정해져 있어서 누구도 운명을 거스를 수 없다는 종교적 관념이 지배적이었다. 이런 시절에 감리교는 간절히 용서를 구하는 죄인들뿐 아니라 빈곤층에게까지 호소력을 발휘했다.

감리교-성공회(Methodist-Episcopal Church)[1]는 1784년 12월 볼티모어에서 열린 소위 성탄절 연회(Christmas Conference)에서 태어났다. 이 명칭은 조직 구조와 관계가 있다. 감리교-성공회는 이데올로기 차원에서는 감리교를, 조직적 차원에서는 성공회, 즉 영국 국교를 의미한다. 이 명칭은 웨슬리 형제가 영국 형제들과 함께 말하자면 체면을 세울 수 있게 해주었다. 하지만 감리교-성공회로 명칭을 정한 궁극적인 목적은 미국 감리교회에 감독임명권과 선출된 감독의 세례권을 부여하기 위한 것이었고 결과적으로 이것은 현실화되었다. 성탄절 연회 이전에는 미국 감리교 조직에 감독이 없었다. 따라서 미국에는 세례를 베풀 권한을 가진 사람이 없었다. 하지만 성탄절 연회 이후 웨슬리는 두 명의 미국 감독을 임명했다. 토마스 코크(Thomas Coke)와 프란시스 애즈버리(Francis Asbury)가 그들이었는데 처음에 이들은 감리사로 불렸다.

1784년 성탄절 연회 개최 당시 미국에 대략 18,000명의 감리교도가 있었다는 사실은 중요하다. 그러나 이들 중 극소수만이 뉴잉글랜드에 거주했다. 뉴잉글랜드에 세워진 감리교회는 모두 성탄절 연회 이후에

---

1 이 논문의 저자 엘렌 스완슨은 미 감리교를 지칭할 때 대부분 "감리교-성공회 교회(Methodist-Episcopal Church)"라는 표현을 썼다. 하지만 여기서는 한국에서의 일반적 용례에 따라 필요한 부분을 제외하고는 기본적으로 "감리교"라고 번역했다—옮긴이.

제일감리교회의 어제와 오늘. 아름다운 스테인드글라스는 예전 그대로이다.

세워졌기 때문에 전(全) 감리교 교회는 적어도 처음에는 감리교-성공회라는 명칭을 갖고 있었다.

뉴잉글랜드 감리교는 뉴욕연회(New York Conference)가 1789년에 재시 리(Jasse Lee) 목사를 순회설교자로 파송한 코네티컷 주에서 출발했다. 여기에 속한 뉴헤이븐도 처음 순회설교 지역에 포함되었다. 뉴헤이븐은 메리 스크랜튼이 결혼해서부터 남편을 여의고 나서도 얼마 동안 시가(媤家)와 함께 하나님을 섬겼던 지역이기 때문에 스크랜튼가의 민담에서 중요하다. 당시 제일감리교-성공회교회(First Methodist-Episcopal Church)로 알려졌던 이곳은 오늘날 서머필드제일연합감리교회(First and Summerfield United Methodist Church)로 불리고 있다.

최초의 감리교회(Methodist Society)가 1766년 뉴욕에 세워졌다면,

미국 최초의 감리교-성공회 선교회 및 성서회는 1819년 4월 5일, 뉴욕 포시스가에 위치한 바워리 교회(Bowery Church)에서 탄생했다. 이 단체들은 감리교회 남성들로 구성된 조직으로 단순하게 감리교 선교회로 알려졌다. 이 단체는 영향력 및 자금 확대를 위해 보조단체의 설립을 장려했다.

미감리교 선교회 및 성서회가 설립되고 불과 이틀 후인 1819년 4월 7일, 이 기관의 운영진은 감리교 여성들의 보조단체 설립 제안을 승인했다. 그 결과 1819년 7월 5일, 역시 맨해튼 포시스가에 위치한 웨슬리안 신학교(Wesleyan Seminary)에서 뉴욕여선교회(Female Missionary Society of New York)가 탄생했다. 뉴욕여선교회는 회칙을 만들고 임원진을 선출했다. 이 자리에서 회계, 서기, 25명의 간사를 포함하여 초대 회장 및 차기 회장이 선출되었다. 뉴욕여감리회(Female Methodist Society)는 결국 조직 구조 미비와 재정 부족으로 1861년에 문을 닫았지만 설립 후 문을 닫기까지 2만 달러를 모금했다.

이로부터 8년 뒤인 1869년 3월 23일, 여덟 명의 여성이 보스턴에 여성해외선교회(WFMS)를 열었다. 이 조직의 목표는 모든 감리교회에 여성을 주축으로 한 보조단체를 설립하는 것이었다. 그로부터 1년 뒤, 토번(I. Thorburn)과 클라라 스웨인(Clara Swain)이 WFMS 최초의 선교사 자격으로 뉴욕에서 인도를 향해 출항했다. 이 광경을 보기 위해 50센트에 달하는 입장료를 지불하는 사람들도 있었다. 의사이자 목사였던 레이드(J. M. Reid)와 해리스, 더빈, 버틀러 이 세 목사가 이 행사를 주재했다.

WFMS가 정식으로 세워지기 전에도 미국에는 다른 감리교 선교회를 비롯하여 다른 교파의 선교회가 수없이 많았다. 최초의 선교회가 회중교도와 침례교도의 노력을 필두로 하여 1800년경 보스턴여선교회(Boston Female Society for Missionary Purposes)라는 이름으로 세워진 것은 참으로 흥미롭다. 이 선교회와 WFMS의 가장 큰 차이는 전자는 남성 선교사들을 위해 기금을 모은 반면 후자는 여성 선교사가 스스로 기금을 모았다는 점이다.

스크랜튼가의 한국 이주 10주년을 축하하던 1895년에 이르면, WFMS는 6,223개의 보조단체와 153,584명의 회원을 거느린 기관으로 성장한다. 이 선교회는 한국 외에도 인도, 중국, 일본, 멕시코, 남미에 선교사를 파송했다. 단체가 설립되고 사반세기가 지나자 350만 달러가 "모금되어 봉급 받는 직원 하나 두지 않고 모두 해외 사업에 쓰였다." 25년 동안 350만 달러가 모였다는 것은 2010년에 보아도 대단한 금액이다. 더군다나 1895년 기준에서 볼 때 이것은 정말로 경이로운 모금액이다. 메리 F. 스크랜튼이 최초의 미감리교 선교사로 한국을 향해 출항한 1885년, 미국에서 해외선교사라는 개념은 이미 매우 인상 깊은 선례를 남겼다.

내면의 아름다움을 간직한 여인

우리가 19세기 선교사 메리 F. 스크랜튼(1832-1909)의 삶에 관한 이야기를 여성의 아름다움에 대해 말하는 것으로 시작해야 한다는 것은 얼마나 흥미로운가? 이 여인의 인생 여정에 대해 더 많이 알게 되면 이에 대해 진지하게 의심을 하게 될지도 모른다. 하지만 이 주제가 그녀의 정체성 및 가치 인식에서 언제나 진정으로 가장 중요한 것이었다면 어느 쪽이 옳다고 쉽게 단정내릴 수는 없을 것이다.

미감리회 여성해외선교회에서 한국으로 파송한 이 여성 개척자가 어떤 문화 및 신체적 기준으로 비추어 봐도 아름다운 그런 미인은 아니었을지 모르지만, 젊은 시절 그녀는 분명 미인이었다. 그 나름대로 매력이 있었다. 세월이 흐르면서 과부이자 어머니이며 시어머니이자 할머니이기도 한 이 여인은 보다 만만치 않은 인상을—경외감을 불러일으키는 강렬한 인상을—갖게 되었다. 누구에게도 무시당하지 않을 그런 인상을 갖게 되었다는 말이다. '위엄이 있는'이라는 단어가 말년의 메리 F. 스크랜튼의 외모를 묘사하는 데 가장 적절한 표현일 것이다. 선교에 헌신한 세월에 자연스러운 노화 과정이 더해져 '창백하다', '야위었다'라는 단어와 더불어 '위엄이 있는'이라는 말이 말년의 메리 F. 스크랜튼의 외모를 설명하는 데 가장 적절한 표현으로 보인다.

그러나 한국의 소녀 및 젊은 여성과 함께했던 메리 F. 스크랜튼에 관한 이야기를 읽어보면 그녀가 제자들에게 단정함과 청결함이라는 개념을 계속해서 가르쳤다는 것을 분명하게 알 수 있다. 공공장소에 어울리게 용모를 단장하는 것은 그녀에게 너무도 중요한 일이었다. 예를 들어 감리교 문헌 중에 외부인들이 여학생들에게 "너무 보기 좋네요!"라고 말했다는 기록이 있다. 당시 한국의 시대 상황을 고려해볼 때 이러한 의견은 이화학당의 설립자면서 최초의 교사이자 교장이었던 메리 F. 스크랜튼이 여성 회원들을 잘 훈련받고 교육받은 젊은 숙녀로 변모시키고 있었다는 증거로 해석될 수 있다.

다른 한편, 감리교 문헌에 그 당시 남성 선교사들과 목사들이—당시 미국에서 여성이 정식으로 안수를 받는 것은 불가능했으므로 남성 선교사들이 목사인 경우가 많았다—"퇴직(은퇴)하거나 노쇠한 전도사" 목록

윌리엄 벤튼 스크랜튼

메리 F. 스크랜튼

에 실려 있었다는 것 또한 흥미롭다. 여성 선교사들은 그러한 범주에 해당되지 않았던 것 같다. 여선교사들은 대체로 젊었다.

노화 과정 자체가 메리 F. 스크랜튼에게 좋기만 했던 것은 아니라는 사실에는 의심의 여지가 없다. 하지만 젊지 않다는 사실이 그녀의 목적의식을 가로막을 수는 없었던 것 같다. WFMS가 메리 스크랜튼을 최초의 한국 선교사로 받아들인 1884년에 그녀는 51세였다. "선교사 후보의 나이는 22세에서 30세 사이여야 한다"는 규칙이 엄격히 적용됐지만 여기에도 예외는 있었다.

> 외국어에 능통하고 기독교 사역에 놀라운 능력을 가지고 있으며 철저한 지적 훈련을 받은 경우 이 엄격한 규정에서 제외될 사유가 충분한 것으로 간주한다.

메리 F. 스크랜튼이 1885년 한반도에 도착했을 때, 그녀는 감리교 선교사로 의사이자 목사인 아들 윌리엄 스크랜튼과 그의 부인 및 딸과 함께 왔다. 한국 땅을 처음 밟았을 때 그녀는 52세였으며 지난 10여 년간 과부로 지냈다. 실제로 메리 F. 스크랜튼이 최고령자까지는 아니었을지 몰라도 WFMS가 받아들인 최고령 선교사 중 한 명이었다고 추측해볼 수 있다. 규정보다 20세 이상이나 나이가 많았지만 메리 F. 스크랜튼은 예외였다. 앞으로 보게 되겠지만 그녀는 유일한 예외였을 뿐 아니라 상당히 예외적이었다.

정식으로 선교사로 임명된 후 그녀는 한반도에서의 교육, 보건 및 이 나라 여성의 복음화를 포함하여 여성을 위한 사역을 시작하는 임무를 맡았다. 한국에 복음을 뿌리내리는 것이 이 선교회의 최종 목표이긴 했지만 교육과 보건 또한 이 목적을 이루는 데 반드시 필요한 요소였다.

나이를 존중하는 유교 문화권에 속한 한반도에서 어머니이자 손자를 둔 할머니로서 반세기를 살아온 여성보다 여성을 위한 사역을 시작하는 데 더 적격인 인물이 누가 있겠는가? 그렇다면 감리교의 한 고위층 인사가 나이가 지긋한 여성이 한국에서 여성 사업을 시작하기를 바랐을 수도 있지 않을까? 어찌됐든 그 옛날 22세부터 30세 사이의 미혼 여성이 한국에서 사역을 시작했다면 제아무리 미인이었다 하더라도 십중팔구 실패를 경험했을 것이다. 그러나 메리 F. 스크랜튼은 실패하지 않았다.

스크랜튼 부인이 77년에 걸친 삶을 사는 동안 한반도는 아직 남과 북으로 나뉘지 않았다. 그러나 그녀가 한국에 와서 마지막 인생의 발자취를 남긴 25년 동안 한국은 정치적 혼란에서 거의 자유롭지 못했다. 세계는 이 나라의 황후 시해, 서양 교육과 종교에 저항한 동학의 발흥, 청일전쟁, 중일전쟁, 앨리스 루즈벨트(Alice Roosevelt)의 내한, 그리고 한국사에서 참혹한 시대로 알려진 일제 강점기의 시작을 목도했다.

이러한 상황에서 메리 F. 스크랜튼이 맞닥뜨렸을 난관들—극복이 불가능해 보이는 난관들—을 상상해보라. "한국에서 사역하는 데 헤아릴 수 없이 많은 은혜를 주신 하나님께 감사드린다"라는 진술은 그녀의 성격을 단적으로 보여준다. 이것은 그녀가 고난을 겪었음에도 불구하고 그것을 극복할 수 없는 것으로, 희생으로 여기지 않았음을 보여준다. 아마도 메리 스크랜튼만큼 큰 용기를 가지고 있지 않은 사람의 눈에는 그녀에게 닥친 역경이 극복할 수 없는 것으로 보였을 것이다.

스크랜튼 가족과 다른 개신교 선교사들이 '은둔국(Hermit Kingdom)'이라 불렀던 나라에 처음 들어왔을 때 이 나라는 열악한 상황에 처해 있었다. 위생 시설은 사실상 전무했고 역병과 질병이 만연했다. 그렇다면 여성의 상황은 어땠는가? 여성에게는 아무런 권리도 없었다. 소녀들은 교육받을 가치가 없는 존재로 여겨진 탓에 읽고 쓰기를 거의 배우지 못했다. 여인들은 결혼할 때까지 집안에 갇혀 지냈으며 대개 중매로 결혼했다. 이혼은 들어본 적도 없는 이야기였으며 과부는 대부분 죽는 날까지 수절을 지켰다. 결혼한 여성은 평생 시어머니 아래 살면서 아들을 낳아야 한다는 기대를 받았다. 아들을 낳지 못한 여인은 시어머니가 될 수 없었다.

스크랜튼 일가 및 같은 뜻을 품은 사람들이 도착하기 전까지 대다수의 한국 토착민들은 한 번도 백인을 본 적이 없었다. 그러니 흰머리에 사람의 마음을 꿰뚫는 듯한 강렬한 눈매를 가진 벽안(碧眼)의 여인, 그것도 두려움이라고는 모를 것 같은 인상의 나이 지긋한 부인을 처음 보았을 때 이들의 머릿속에 어떤 생각이 떠올랐을지 상상해보라. 메리 스크랜튼은 한국인들의 마음을 얻기 위해 많은 애를 써야 했다. 하지만 그녀는 마침내 그들의 마음을 얻었다.

메리 F. 스크랜튼이 한국에 처음 온 지 거의 25년이 지난 1909년 10월 서울에서 세상을 떠났을 때, 한국인들은 남녀노소를 불문하고 각지에서 몰려와 운구행렬에 동참했다. 그들은 한강이 내려다보이는 곳에 외국인 선교사들을 위해 마련된 양화진 공동묘지까지 수십 리를 걸었다. 황실에서는 장례식에 관리를 보냈다. 그는 관에 대고 세 번 절을 함으로써 최고의 조의를 표했다.

그로부터 100년 후인 2009년 10월 8일, 남녀노소를 불문하고 약 2,000명의 사람들이 이화여자대학교 대강당에 모여 메리 스크랜튼 서거 100주기 기념식을 가졌다. 그 후 2009년 12월, 대한민국의 이명박 대통령은 메리 F. 스크랜튼에게 무궁화훈장을 수여했다. 이것은 정부가 시민에게 수여하는 최고상이다.

한국인들이 한때 대부인이라고 불렀던 이 미국 여성은 경이로운 유산을 남기고 세상을 떠났다. 메리 F. 스크랜튼이 1886년 여학생 한 명을 데리고 시작한 학당이 세계적인 고등교육기관으로서 24,000명의 재학생을 둔 이화여자대학교로, 그것도 세계 최대의 여자대학 중 하나로 성장한 것이다.

배꽃을 뜻하는 이화라는 칭호는 고종 황제가 내린 것으로 이화학당은 WFMS의 기금으로 세워졌다. 소문에 의하면 가장 큰 기부금은 3천 달러인데, 이것은 블랙스톤가, 더 구체적으로는 윌리엄 블랙스톤(William Eugene Blackstone)의 부인인 사라 블랙스톤(Sarah Blackstone)이 기부한 돈이었다. 이 정보의 출처는 프란시스 베이커(Francis J. Baker)가 1898년에 발간한 『감리교 여성해외선교회 이야기(The Story of the Woman's Foreign Missionary Society of the Methodist Episcopal Church)』의 110쪽이다. 블랙스톤가가 이 기금을 기부한 연도를 밝힐 수 있는 근거는 발견되지 않고 있지만, 『이교도 여성의 벗(Heathen Woman's Friend)』에서 밝힌 바에 따르면 1886-1887 회계년도에 (시카고) 노스웨스턴 지부에서 3천 달러의 기부금이 토지 매입 및 건축 비용 명목으로 한국에 송금되었다.

블랙스톤가는 시카고 출신이고 블랙스톤 부인(사라 스미스)은 감리교 여성해외선교회 노스웨스턴 지부의 간사로 봉사했다. 프란시스 베이커에 따르면, 블랙스톤 부인의 어머니 애덜린 스미스(Adaline Smith)도 여성해외선교회의 주요 기부자로 언젠가 감리교 운동을 위해 135,428 달러를 기부했다고 한다. 블랙스톤 부인의 아버지 필랜더 스미스(Philander Smith)는 아칸소에 대학을 설립했을 뿐만 아니라 그의 이름을 따서 도쿄에는 성서연구소를, 난징에는 병원을 건립했다.

사라의 남편인 윌리엄 블랙스톤은 남성이었기 때문에 WFMS의 일원이 되지는 못했지만, 연사의 자격으로 연회나 행사에 참여했을 뿐만 아니라 종종 감리교 운동을 후원하기도 했다. 매우 흥미로운 사실은 그가 복음 전도자이자 기독교 시온주의자로서 유대인의 팔레스타인 정착을 옹호한 이른바 블랙스톤 청원서(Blackstone Memorial)의 입안자라는 점이다.

윌리엄 블랙스톤의 논문모음집은 일리노이 주 휘튼에 위치한 빌리 그래함 센터 아카이브(Billy Graham Center Archives)에 있다. 이 논문집에는 한국에 관한 정보가 담겨 있다. 최소한 한국의 여자성경원(Women's Bible Institute)에 관한 장들이 있다. 그러나 이 글을 읽어볼 기회는 없었다. 그의 자서전, 『생명을 채워주신 하나님: 윌리엄 블랙스톤의 이야기(A God Filled Life: The Story of William Eugene Blackstone)』는 공공도서관에서는 볼 수 없지만 시카고의 무디성서원

도서관(Moody Bible Institute Library)과 캘리포니아의 바이올라대학교 도서관(BIOLA University Library)을 포함해 몇몇 신학도서관에서 찾아볼 수 있다. 이 자서전은 블랙스톤과 그의 사상을 더 잘 이해하기 위해 읽을 만한 가치가 있다.

프란시스 베이커가 사용한 자료에 따르면 블랙스톤이 기부한 3천 달러는 학교 건립용이었다. 하지만 그 기금이 병원 건립용으로 기부되었을 가능성도 있다.

1887-1888년 사이에 메리 F. 스크랜튼은 아들인 윌리엄 스크랜튼과 함께 일하면서 부인병원을 개설했다. 그 옛날 '보구여관(保球女館)'이라 불렸던 이 병원은 2009년 이 나라 최초의 부인암센터 및 여성암연구소뿐만 아니라 한국 최초의 여성전용 종합병원으로 도약했다. 오늘날 이 기관의 정식 명칭은 이대여성암 전문병원이다.

뉴헤이븐에 위치한 코네티컷 박물관 및 코네티컷 역사회의 서류보관함에서 스크랩북 하나를 발견했는데, 그 안에 날짜도 출전도 명시되어 있지 않은 부고기사가 들어 있었다. 기사에 따르면 메리 F. 스크랜튼은 한국의 여러 학교와 관련되어 있었다.

> …… 또한 스크랜튼 부인은 상동, 무지내, 수원, 덕고개에 매일학교를 세웠으며, 사망 당시 엄귀비가 세운 진명여학교의 감독관이었다.

이 부고기사는 또 다른 한국 선교사였던 메리 힐먼(Mary R. Hillman)이 작성한 것으로, 그녀의 무덤은 서울에 있는 메리 F. 스크랜튼의 무덤 바로 가까이에 있다.

경기도 수원에 위치한 매향여자정보고등학교는 메리 힐먼이 작성한 메리 F. 스크랜튼의 부고기사에서 수원에 세워졌다고 언급된 기관과 같은 학교일 수도 아닐 수도 있다. 하지만 매향여고는 메리 F. 스크랜튼을 설립자라고 밝히고 있다.

이화에서 나온 한 발행물은 달성매일학교도 스크랜튼 부인이 세운 것으로 보도한다. 더욱이 이 발행물에는 여성 교회, 여성성서반, 최초의 한국 순회 전도, 한반도에서 처음 열린 여성대회를 포함하여 메리 F. 스크랜튼이 언제 어디에서 전도 활동을 했는지를 밝혀주는 수많은 일람표가 들어 있다. 서울에 위치한 감리교신학대학교에서 나온 한 발행물은 위에서 열거된 전도 정보를 확인해줄 뿐 아니라 이 놀라운 여성이 기존의 여성성서연구반을 서울 전도부인 양성학원(Seoul's Bible Woman's Training School)으로 통합했다는 사실도 알려준다.

메리 F. 스크랜튼이 한국 근대사에 알려진 가장 큰 이유는 이화여자대학교 때문이다. 이화여자대학교의 잔디로 덮인 둥근 언덕 위에 제멋대로 뻗어 있는 정자나무 아래에는 그녀의 흉상이 있다. 이화 교정 안에는 다른 감리교 여성들을 기리는 기념물들도 있지만, 메리 F. 스크랜튼이 이화의 설립자로서 개척자 정신을 보여주기 때문에 사람들은 그녀의 이야기에 가장 귀를 기울인다. 오늘날 대한민국에서 유명한 캠퍼스에 이 여성의 동상이 남아 있다는 사실은 그녀가 이화인들의 가슴속에 여전히 가치 있는 인물로 남아 특별히 존경받고 있음을 보여준다. 눈처럼 새하얀 대리석과 화강암으로 만들어진 메리 F. 스크랜튼의 기념물은 그녀의 업적을 기리는 데서 한 걸음 더 나아가 한 사람의 힘이 얼마나 오래 지속될 수 있는지, 어떻게 굳은 결의와 회복력으로 놀랍다고밖에는 말할 수 없는 거대한 사회 변화를 견디며 당연하게 여겨지던 기존 제도를 초월하여 멀리 나아갈 수 있는지를 그곳을 지나가는 모든 이에게 상기시켜 준다. 이 외에도 메리 F. 스크랜튼이 세운 여러 여학교의 복도와 주요 행정실에 걸려 있는 초상화에서 그녀의 경건함과 불굴의 정신을 엿볼 수 있다.

그리고 이 마지막 초상화 중 하나를 오랫동안 자세히 들여다보면 화가가 그녀의 옅은 눈가 주름, 꼬리가 살짝 올라간 입술, 그리고 얼굴에서 자신감과 만족감을 엿보았음을 분명하게 알 수 있다. 이 위대한 여인이 지닌 아름다움에서 볼 수 있듯이 진정한 아름다움은 결국 내면에서 나오는 것이다.

메리 플레처 벤튼을 찾아서

메리 플레처 벤튼(Mary Fletcher Benton)이 그녀의 원래 이름이다. 스크랜튼은 그녀가 1853년 9월 7일 매사추세츠 주의 노스 브리지워터에서 코네티컷 주의 뉴헤이븐으로 시집을 오게 되면서 얻게 된 성이다. 결혼식이 노스 브리지워터에 처음으로 세워진 감리교회에서 열렸는지 두 번째로 세워진 교회에서 열렸는지는 확실치가 않다. 왜냐하면 1853년에 이 지역 두 번째 감리교회의 건축이 시작됐기 때문이다. 그러나 분명한 사실은 메리 플레처 벤튼이 윌리엄 탤콧 스크랜튼 부인(Mrs. William Talcott Scranton)이 되었을 때 그녀의 아버지 에라스투스 벤튼(Erastus Benton) 목사는 감리교회의 영적 지도자로서 노스 브리지워터 공동체와 관련되어 있었다는 것이다.

윌리엄 탤콧 스크랜튼 부인이라는 호칭은 여성이 결혼 후에도 자기 성을 지키는 한국 문화에서는 다소 이상하게 보일 것이다. 한국에서 스

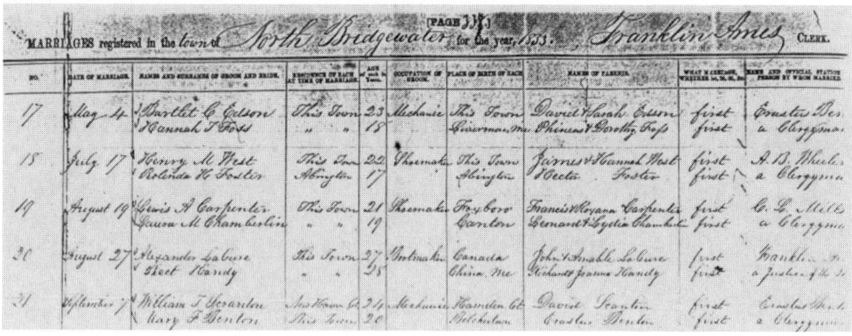

메리 F. 벤튼과 윌리엄 T. 스크랜튼의 결혼 기록. 맨 아래에 두 사람의 결혼 기록이 보인다. 독자를 위해 해당 기록을 아래의 표로 만들었다.

No.	Date of Marriage	Names and Surnames of Groom and Bride	Residence at Time of Marriage	Age	Occupation of Groom	Place of birth	Names of Fathers	# of Marriages	Name By whom married
21	09/07/1853	William T. Scranton	New Haven, Conn	24	Mechanic	Hamden, Conn	David Scranton	1st	Erastus Benton, Clergy
		Mary F. Benton	This town	20		Belcher-town	Erastus Benton	1st	

여기서 매우 흥미로운 사실은 이 결혼식을 주재한 이가 바로 메리의 아버지인 에라스투스 벤튼이었다는 것이다.

크랜튼 부인은 메리 스크랜튼, 스크랜튼 부인, 메리 F. 스크랜튼, 또는 메리 F. 스크랜튼 부인으로 많이 알려져 있다. 인구 통계를 비롯하여 미국에 있는 문헌에서 그녀는 이상 나열한 이름 외에도 윌리엄 탤콧 스크랜튼 부인 또는 윌리엄 T. 스크랜튼 부인으로 기록되어 있는데, 여기서 모든 이름에 남편 성이 붙어 있음을 알 수 있다.

예외가 있기는 했지만 19세기 여성들은 결혼 후에도 처녀 시절에 쓰던 성을 지켰다. 예를 들어, 메리 스크랜튼의 며느리는 결혼 전 이름이 루이자 암즈(Louisa Wyeth Arms)였다. 결혼하면서 그녀는 루이자 암즈 스크랜튼이라고 서명함으로써 이 전통을 지켰다. 그렇다면 메리 F.

벤튼은 결혼 후에 자동적으로 메리 벤튼 스크랜튼이 되었을 것이다.

메리 플레처 벤튼 스크랜튼 또는 메리 F. B. 스크랜튼이라고 서명한 인구 통계나 역사적 기록들이 실제로 있다. 다소 드물기는 하지만 메리 벤튼 스크랜튼이라는 명칭이 기재된 기록들도 분명히 존재한다. 1909년 11월에 간행된 『여성 선교의 벗(Woman's Missionary Friend)』은 '메리 벤튼 스크랜튼'에게 경의를 표했다. 제임스 머지(James Mudge)도 그의 논문 「감리교 뉴잉글랜드 연회의 역사(History of the New England Conference of the Methodist Episcopal Church)」에서 뉴잉글랜드에서 인격형성기를 보낸 여선교사들에게 경의를 표하면서 스크랜튼 부인을 '메리 벤튼 스크랜튼'이라고 부른다. 그러나 가장 많이 쓰인 그녀의 이름은 메리 플레처 스크랜튼이었다. 이것은 그녀가 처녀적 성보다 중간 이름을 더 선호했음을 보여준다.

하지만 결혼 전 중간 이름을 지킨 사람이 메리만 있었던 것은 아니다. 바로 메리의 유일한 동서 역시 기존 관습과 달리 결혼 후 처녀적 성이 아닌 중간 이름을 지킨 것이다. 동서의 이름도 메리였던 까닭에 이 가문에는 메리 스크랜튼이 둘이 되었고, 재미있게도 이들은 뉴헤이븐에서 종종 한 집에서 지냈다. 동서의 결혼 전 이름은 메리 폰드 스트롱(Mary Pond Strong)이었다. 일반적인 경우라면 결혼 후에 메리 S. 스크랜튼(Mary S. Scranton)이라는 이름을 사용했겠지만 기대와 달리 그녀는 메리 P. 스크랜튼(Mary P. Scranton)이라는 이름을 썼다.

그렇다면 메리 F. 스크랜튼은 어째서 결혼 전 성인 벤튼이 아닌 중간 이름인 플레처를 쓰기로 결정했는가? 다시 말해 그녀는 왜 메리 B. 스크랜튼이 아닌 메리 F. 스크랜튼으로 서명했는가? 왜 그녀는 결혼 전에 사용하던 성보다 중간 이름에 더 큰 애착을 가졌는가? 여기에는 혹시 다른 이유가 있는가?

미국 문화에서는 갓난아기에게 외가쪽 이름을 주거나 다른 친척의 이름을 따서 중간 이름을 짓는 경우가 흔하다. 일례로 메리의 하나뿐인 오빠의 이름은 조시아 타운 벤튼(Josiah Towne Benton)인데, 여기서 타운은 어머니의 결혼 전 이름인 알미라 타운 벤튼(Almira Towne Benton)에서 왔다. 그러나 내 연구에서는 플레처라는 성 또는 이름을 가진 외가나 친가 쪽 친척을 밝혀내지 못했다. 사실 메리 스크랜튼과 같은 세대의 여자아이에게 남자 이름을 중간 이름으로 주는 것은 드물기는 했지만 완전히 불가능한 일은 아니었다.

그런데 연구 중에 플레처라는 이름 자체가 감리교 설립과 관련하여 중요하다는 흥미로운 사실을 발견했다. 우선 영국에 웨슬리 형제와 관계가 있는 감리교 목사 플레처가 있다. 그리고 메리의 아버지 에라스투스 벤튼과 같은 시기에 사역 활동을 펼친 플레처 목사가 있는데, 그는 벤튼 목사가 사역하던 코네티컷의 몇몇 지역에 자리를 잡았다. 게다가 벤튼 목사의 교구에는 친구가 있었는데 공교롭게도 그의 성도 플레처였다. 나아가 감리교사 연보를 보면 메리 플레처(Mary Fletcher)라는 꽤 유명한 인물의 초상이 있다. 마지막으로 메리의 부모님이 묻혀 있는 코네티컷 스태포드 스프링스에 위치한 스프링스 공동묘지에는 플레처라는 성이 새겨진 비석들이 있다.

만약 메리의 부모님이 감리교를 창시한 조상들을 기리기 위해 이 여자아이에게 플레처라는 이름을 주었다고 가정한다면, 플레처라는 이름은 메리 플레처 스크랜튼이 한국에서 이룬 모든 선행과 감리교 창시자를 잇는 가교 역할을 한다고 볼 수 있을 것이다. 하지만 이것은 어디까지나 가정일 뿐이다. 플레처라는 이름이 메리 스크랜튼이 물려받은 감리교적 유산이냐의 여부와 상관없이 우리는 한 가지 다른 가능성을 탐구해야 한다. 그것은 원래 플레처가 태생인 메리가 스크랜튼가에 입양되었을 가능성이다.

비상여권신청서, 선교사 기록, 그녀의 부고기사를 포함하여 메리 F. 스크랜튼의 생애와 관련된 여러 기록들을 살펴보면, 그녀의 아버지는 에라스투스 벤튼, 그녀의 오빠는 조시아 타운 벤튼, 그리고 조시아의 아들이자 그녀의 조카는 스티븐 올린 벤튼(Stephen Olin Benton)이라고 나와 있다. 이 세 남성은 모두 감리교 목사라는 공통점을 갖고 있다. 에라스투스와 조시아는 각각 1805년 1월 17일과 1828년 4월 10일에 코네티컷 톨랜드에서 태어났고, 스티븐 올린은 1849년 4월 30일 코네티컷 미들타운에서 태어났다. 모두 코네티컷 출생이며 감리교 목사인 이 세 명의 벤튼 목사의 딸이자 누이이자 고모인 메리 스크랜튼이 뉴헤이븐에서 기른 아들과 함께 선교사의 길을 선택한 것은 어쩌면 너무나 당연해 보인다.

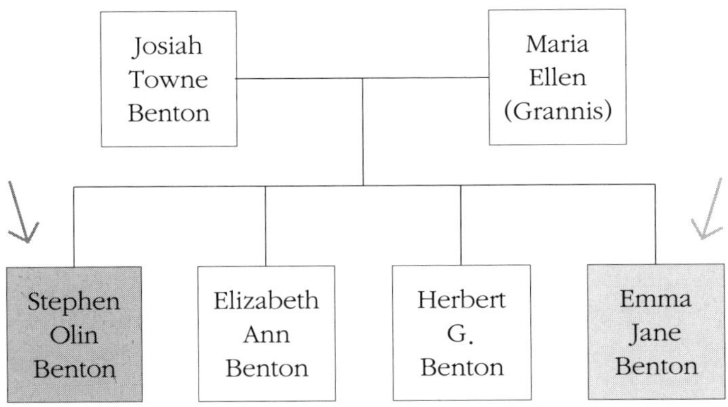

메리 스크랜튼의 오빠인 조시아 벤튼의 가계도.
조시아 벤튼의 딸 엠마 벤튼은 일본 선교사였고, 아들 스티븐 벤튼은 감리교 목사였다.

DATE	U.S. RESIDENCE	AGE	BIRTHPLACE
01/20/1885	Not Stated	52	Belchertown
11/02/1898	New Haven	65	Belchertown
08/12/1905	New Haven	72	Belchertown

메리 스크랜튼의 여권신청서 요약본. 이 정보에 따르면 그녀는 벨처타운에서 태어났다.

이보다 훨씬 덜 알려진 사실은 메리 스크랜튼이 한국 선교를 꿈도 꿀 수 없었던 시절에 일본 요코하마에서 감리교 선교 활동을 펼쳤던 여선교사 엠마 벤튼(Emma Jane Benton)의 고모이기도 하다는 것이다. 사실, 스크랜튼 가족이 처음으로 밟은 아시아 땅은 일본이었으며, 그들은 거기서 요코하마에 살고 있던 친척을 방문했다.

엠마 벤튼은 1858년 코네티컷 레바논에서 태어나 그곳에서 학교를 다녔고 뉴헤이븐에 있는 그로브홀여자학교(Grove Hall School for Young Ladies)에서도 학업생활을 했다. 그녀는 WFMS의 승인을 받은 후 1882년 요코하마로 건너가 교사가 되었다. 엠마 벤튼은 사역 중에 세상을 떠난 유명 선교사 수잔 히긴스(Susan B. Higgins)의 자리를 대신했다. 한때 요코하마에는 히긴스 기념관과 감화원이 있었다. 이 건물 혹은 기관이 여전히 그 자리에 있는지는 또 다른 연구 주제일 것이다. 엠마는 조시아 벤튼의 두 딸 중 한 명으로 메리의 조카딸이자 윌리엄 스크랜튼의 첫째 사촌이었다.

매사추세츠 벨처타운은 메리가 1832년 12월 9일 자신이 태어난 곳이라고 밝힌 지역이다. 여러 자료와 역사 기록에 따르면 그녀의 어머니는 알미라 타운 벤튼(Almira Towne Benton)이고 1805년 3월 31일에

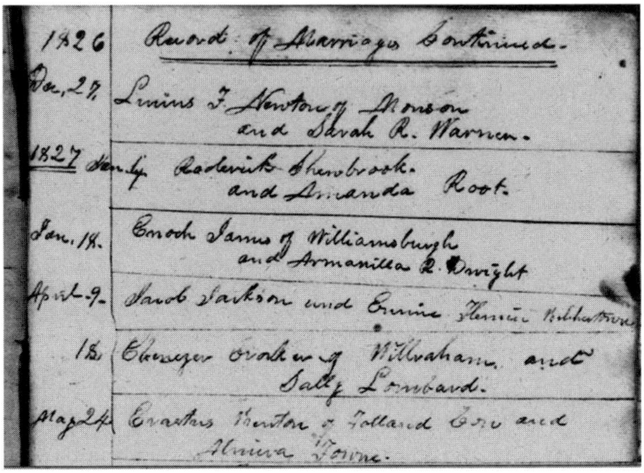
1826 Record of Marriages Continued.
Dec. 27. Linius F. Newton of Monson and Sarah R. Warren.
1827 Jan.ly Roderick Sherbrook. and Amanda Root.
Jan. 18. Enoch James of Williamsburgh and Armanilla R. Dwight
April 9. Jacob Jackson and Emma [illegible]
18. Ebenezer Walker of Wilbraham and Sally Lombard.
May 24 Erastus Benton of Tolland Con. and Almira Towne.

메리의 부모인 에라스투스 벤튼과 알미라 타운의 결혼 기록.
맨 아래 에라스투스 벤튼과 알미라 타운이 5월 24일에 결혼했음을 증명하고 있다.

태어났다. 사실 벨처타운에는 에라스투스 벤튼 목사가 그곳에 소유지를 가지고 있었다는 세금 기록뿐 아니라 1826년 5월 24일에 알미라 타운과 결혼했다는 기록도 남아 있다. 지역 역사가들은 일라이자 브리지먼(Elijah Coleman Bridgeman)이라는 남성이 1801년 그곳에서 태어났다는 것을 알아냈는데, 브리지먼은 미국인 최초로 중국에 건너간 개신교 선교사이다. 에라스투스가 태어난 코네티컷 톨랜드에는 벤튼가와 브리지먼가 사이에 재산 양도가 이루어졌다는 기록이 있다. 이것은 두 가문이 서로 알고 지냈을 가능성을 열어준다.

그러나 벨처타운에 메리 스크랜튼에 대한 기록은 없다. 수년간 시청, 도서관, 박물관을 누비며 메리 F. 스크랜튼에 대해 알아본 연구자들 덕분에 벨처타운 사람들은 그녀가 누구인지를 알게 되었다. 하지만 그녀의 출생 기록이 없는 관계로 이곳 사람들은 메리의 출생지가 벨처타운이라는 데에 상당히 회의적이었던 것이 사실이다.

이러한 혼돈은 부분적으로는 감리교회 기록과 관련되어 있다. 전해오는 이야기에 따르면 벨처타운에는 1873년에 최초의 감리교회가 세워졌는데 매사추세츠 스프링필드에서 건물을 통째로 옮겨왔다고 한다. 역사적인 사건 보도를 발췌한 신문 스크랩북에서 한 떼의 소가 이 교회를 운반하는 사진이 실려 있는 것을 볼 수 있다. 그러나 감리교 기록을 보면 1819년에 이미 남 벨처타운에 감리교 명사와 설교자들이 있었던 것을 알 수 있다. 그리고 1832년 12월 22일에 에라스투스 벤튼이 벨처타운에서 목사 안수를 받았다는 기록도 있다. 1839년-1845년 사이에 열린 감리교 연회 의사록은 벨처타운이 뉴잉글랜드 연회의 스프링필드 순회교구에 속해 있었다는 사실을 밝혀준다. 벨처타운 최초의 감리교회는 1873년에 문을 열었지만 그전에 남南벨처타운—오늘날 벨처타운 흡수된 지역—에 감리교회관(Methodist Meeting House)이 있었다. 이상의 정보는 메리가 실제로 벨처타운에서 태어났다는 주장을 뒷받침해주는 분명한 증거이다.

메리의 아버지와 오빠가 태어난 코네티컷 톨랜드는 오랫동안 벤튼가의 고향이었다. 심지어 그곳에는 벤튼 농가가 있었다. 여름이면 일요일 오후마다 대중에게 개방했기 때문에 실제로는 박물관 역할을 했다. 메리나 그녀의 아버지는 이곳에 살지 않았지만, 그들의 조상은 이곳에 살았다. 톨랜드 역사회(Tolland Historical Society)의 서류정리함 안에는 메리의 부모님과 오빠—에라스투스, 알미라, 조시아—를 포함하여 벤튼가의 명단이 있다. 톨랜드 시청 기록보관소에는 에라스투스 벤튼의 재산을 기록한 문서가 남아 있다. 그러나 톨랜드에도 메리에 대한 기록은 없다.

그 원인 또한 부분적으로는 감리교회 기록과 관련이 있다. 톨랜드 역

March 16, 2008

Dear Ellen,

...

I did not find any birth or marriage records for Mary in the vital records in the Town Hall in Belchertown.

...

Doris Dickinson
Archivist
Stone House Museum
Belchertown, Historical Association

스톤하우스 박물관에서 온 편지. 벨처타운 타운홀에서 메리의 출생 기록를 찾을 수 없음을 알려옴.

사와 관련된 몇몇 개인들이 내게 준 정보에 따르면 과거에 감리교회는 교회 기록을 보관하지 않았다. 그래도 나는 기록들을 찾아보았다. 하지만 이 글을 쓰는 지금까지 어떤 기록도 찾지 못했다. 몇 주 내로 이 일이 마무리되어 톨랜드와 관련하여 메리 F. 벤튼의 신원 문제를 쉽게 해결할 수 있다면 좋겠다. 최소한 메리 F. 벤튼의 교회 출석 기록만이라도 찾을 수 있기를 바란다.

메리가 실제로 톨랜드에 거주했을 가능성을 뒷받침해주는 자료로는 1840년 미연방통계가 있다. 이 자료는 에라스투스 벤튼 목사를 가장으로 하여 그 아래 30-40세 사이의 여성 한 명, 10-15세 사이의 소년 한 명, 4-10세 사이의 소녀 한 명이 그와 함께 살고 있다고 밝히고 있다. 이 모든 기록은 목사의 부인 알미라, 아들 조시아, 딸 메리와 일치한다. 1850년 이전에는 가장 외에 가족의 이름을 제공하는 통계 기록이 없었다. 그렇다면 추측컨대 메리 플레처 벤튼이 톨랜드에서 어린 시절을 보냈을 가능성이 매우 높다.

메리의 외가 쪽 집안인 타운가는 뉴잉글랜드 역사와 꽤 밀접한 관계

왼쪽은 톨랜드 제일감리교회(1794)이고 오른쪽은 원산감리교회(1907)이다. 두 건물의 구조가 놀라울 정도로 유사하다

왼쪽은 톨랜드의 '새로운' 감리교회이고 오른쪽은 상동감리교회(1901년경)이다. 두 교회의 작은 첨탑 모양이 상당히 유사하다. 이 작은 탑은 코네티컷 북부와 매사추세츠의 오래된 가옥에서 볼 수 있다.

가 있다. 메리의 어머니 알미라는 이교도 마녀재판으로 불명예를 짊어지게 된 가문의 직계 후손이었다. 각색되기는 했지만 이 재판은 아서 밀러(Arthur Miller)의 유명한 희곡 『시련(The Crucible)』에서 그려지고 있다. 『윌리엄 타운의 후손들(The Descendants of William Towne)』이라는 책의 70쪽에 따르면, 알미라의 부모는 애브너 타운(Abner Towne)과 케지아 페어필드(Keziah Fairfield)이다. 원자료에 따르면 그녀의 아버지쪽 계보는 윌리엄(1대), 제이콥(2대), 존(3대), 이스라엘(4대), 이스라엘(5대)에 이어 애브너(6대)로 이어진다. 오늘날 타운가 협회(Towne Family Association)는 웹사이트까지 갖추고 있어서 누구나 www.townefolk.com에서 더 많은 정보를 찾아볼 수 있다. 타운 가문 족보에는 메리의 어머니 알미라와 오빠 조시아에 대한 기록이 있다. 하지만 타운가 협회에도 메리에 대한 기록은 없다.

다행히도 에라스투스 벤튼의 감리교회 기록과 부고기사가 그에게 딸이 한 명 있었음을 보여준다. 또한 이 사료들은 벤튼가가 예일대학 설립에 관여한 데이가(Day family)뿐만 아니라 오하이오 주 클리블랜드로 이전한 감리교회와 관련되어 있는 벤튼가의 저명한 친척들과도 관계가 있었음을 알려준다. 이것은 메리 스크랜튼의 아들이 한국 선교사로 임명되기 전에 클리블랜드에 병원을 개원한 이유를 설명하는 데 도움을 줄 수 있다.

또한 스크랜튼가의 족보는 메리―메리의 출생년도에 1년의 차이가 나고(1833년 대 1832년) 중간 이름도 F 대신 T를 쓰고 있음에도 불구하고―의 신원을 밝히고 있는데, 어느 쪽이 정확한 정보든 이것은 족보학적 관점에서 더 많은 관심을 불러일으킨다.

조시아 T. 벤튼의 사망진단서―1903년 코네티컷 니안틱에서 사망―에는 에라스투스와 알미라가 그의 부모로 되어 있다. 조시아 T. 벤튼 목사는 코네티컷 스태포드에 감리교 교회를 세웠으며, 이 교회의 교회사를 통해 이 가문에 대한 추가 정보를 얻을 수 있다. 추측컨대, 메리 F. 스크랜튼은 벨처타운에서 태어났고 에라스투스 벤튼과 알미라 타운이 부모라는 점은 꽤 확실해 보인다. 메리의 여권 및 선교사 기록이 이상의 모든 것을 확인해준다. 심지어 이 기록 중 일부는 그녀의 친필로 쓰여 있다.

더욱이, 1850년도 미연방통계는 메리 F. 벤튼이라는 17살의 숙녀가 코네티컷 노리치에서 에라스투스 벤튼과 알미라 T. 벤튼이라는 부모 밑

코네티컷 주 스태포드 스프링스에 위치한 감리교회의 모습.
현재 교회는 1866년 1월 23일, 조시아 벤튼 목사의 목사관으로 헌납되었던 건물이다.

메리 스크랜튼의 부모 에라스투스 벤튼과 알미라 타운 벤튼의 묘비.
출생일과 사망일이 새겨져 있다.

에서 살았음을 보여준다. 당시 이 부부의 나이는 둘 다 45세로 기록되어 있는데 이 정보는 벤튼가 및 타운가의 족보뿐 아니라 코네티컷 스태포드 스프링스에 있는 그들의 무덤에서 발견된 날짜와도 들어맞는다.

1850년 미연방통계 및 여기서 밝혀진 노리치 거주 사실은 메리의 학력을 밝히는 데도 도움이 된다. 선교사 기록에 따르면 메리는 노리치여자학원(Norwich Female Academy)에서 고등교육을 받았다. 그 당시에는 아직 여성에게 목사 안수를 주는 제도가 없었으므로 여성 교육을 언급할 때 '신학교(seminary)'와 '학원(academy)'은 동의어로 쓰였다. 이 당시 미국에서는 남녀가 따로 교육을 받았고 여성 신앙 교육은 불필요한 것으로 여겨졌다. 의심의 여지없이 노리치여자학원은 젊은 시절의 메리 F. 벤튼에게 큰 영향을 끼쳤고, 그것은 한반도에서 여성 신앙 교육을 펼칠 때까지 이어졌다.

20세기에 나온 신문 기사들을 통해 구체적으로 알 수 있는 흥미로운 사실은 노리치여자신학교(Norwich Female Seminary)로도 알려진 노리치여자학원이 메리가 아주 어렸을 때 문을 닫았다는 것이다. 그렇다면 메리가 이 학교에 다녔다는 것은 불가능하다. 그러나 박사논문이나 다른 신문광고를 포함한 다른 자료들에 따르면, 메리가 이 학교에 입학할 수 있는 나이가 된 10년 후, 이 지역에 같은 이름의 학교가 있었다.

현재까지는 메리가 미국에 존재했었다는 것을 직접적으로 밝혀준 증거로는 1850년 미연방통계가 유일하다. 한편, 이 통계는 소재지와 함께 성(姓), 성별, 그리고 나이만 기재하던 종래의 방식에서 벗어나 처음으로 성과 이름 전체를 기재했다는 점에서 의미가 있다.

에라스투스 벤튼 목사의 감리교회 기록은 그가 1847-1850년 사이에 코네티컷 뉴런던 분교구의 교회에서 지방 장로(presiding elder)였음을

노리치여자학원. 1828년에 설립된 이 학원은 여성 교육의 새로운 장을 열었다.
1833년에는 서른 명 가까이 등록했으나 몇 년 후 폐교되어 아파트가 되었다.

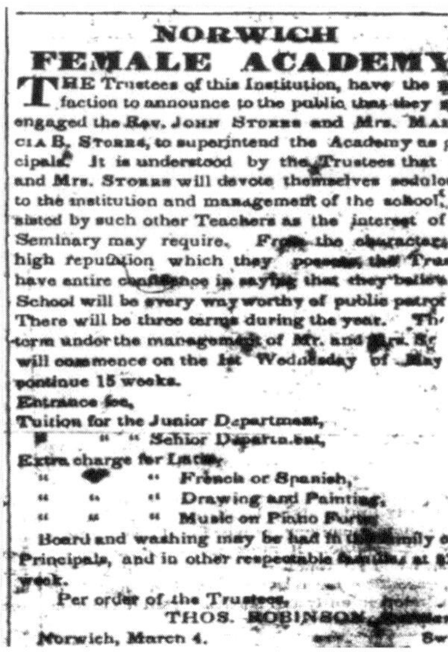

NORWICH
FEMALE ACADEMY.

THE Trustees of this Institution, have the sa-
faction to announce to the public that they
engaged the Rev. JOHN STORRS and Mrs. MAR
CIA B. STORRS, to superintend the Academy as p
cipals. It is understood by the Trustees that
and Mrs. STORRS will devote themselves sedulo
to the institution and management of the school,
sisted by such other Teachers as the interest of
Seminary may require. From the character
high reputation which they possess, the Trus
have entire confidence in saying that they believe
School will be every way worthy of public patro
There will be three terms during the year. Th
term under the management of Mr. and Mrs. S
will commence on the 1st Wednesday of May
continue 15 weeks.
Entrance fee,
Tuition for the Junior Department,
" " " Senior Department,
Extra charge for Latin,
" " " French or Spanish,
" " " Drawing and Painting,
" " " Music on Piano Forte,
Board and washing may be had in the family o
Principals, and in other respectable families at $
week.
Per order of the Trustees,
THOS. ROBINSON, Secretary.
Norwich, March 4.

또 다른 노리치여자학원이 1840년대에 문을 열었다는 기록.

확인해주는데, 뉴런던은 노리치에 인접해 있고 뉴런던 분교구에 노리치가 포함되어 있다. 같은 교회 기록에 벤튼 목사가 1851년에 코네티컷 노리치에서 복음을 전했다는 내용이 들어 있다.

이상의 모든 목록에 빠져 있는 정보—특이한 중간 이름, 출생신고서의 부재, 그리고 외가 및 친가의 족보에 기재되어 있지 않은 점을 포함하여—를 고려해볼 때 메리 F. 스크랜튼이 입양되었을 가능성이 하나의 연구 주제로 대두된다.

당신이 이화여자대학교에서 존경받는 역사가인데 오늘 오후에 한 낯선 사람—한국 국적의 한 여성—이 당신 집에 찾아와서 이집트에 위치한 세계 최대 여자대학교의 설립자가 사실은 1832년에 현재 서울의 이화 캠퍼스 자리에서 태어났다는 이야기를 전해준다고 상상해보라. 그리고 이러한 정보를 직접 접한 것이 이번이 처음이라고 상상해보라. 당신은 어떤 반응을 보일 것인가? 놀라움? 경악? 부정? 만일 이 정보가 정말 사실이라고 하자. 어쩌면 이것은 당신이 이미 알고 있는 사실들일지도 모른다. 다시 말해, 이제껏 당신이 수집한 많은 역사 기록들—당신이 수년간 사용한 신뢰할 만한 자료들—이 이 '사실들'을 뒷받침해줄지도 모른다.

놀라움, 경악, 부정. 이것이야말로 메리 F. 스크랜튼을 찾는 동안 사람들이 내게 보여주고 기대한 반응이었다. 메리의 출생신고서가 발견되지 않는다는 사실 그 자체는 큰 문제가 아니다. 그 세대의 아이들—특히 여자아이들—은 출생신고를 하지 않는 경우가 다반사였기 때문이다. 그러나 벨처타운에 메리의 어머니의 출생 기록은 있는데 메리의 기록은 없다는 사실은 문제를 매우 흥미롭게 만든다. 벤튼가와 타운가의 족보에 그녀가 없다는 사실은 그녀가 입양되었을지도 모른다는 의심을 증폭

시킨다.

결국 나는 1832년 무렵에 태어난 메리 플레처라는 사람을 찾아 나섰다. 아직 몇 군데 더 조사해보아야 하지만 현재까지 아무 소득이 없다. 하지만 이 과정에서 흥미로운 사실 하나를 발견했다. 에라스투스 벤튼이 성이 플레처인 자기 교구민 한 사람과 친분이 있었는데 그에게 이혼한 아들이 있었다는 것이다. 그 당시 이혼은 아주 드문 일이었다. 이 플레처의 집안에 딸이 하나 있었을지도 모른다는 의심을 하기에 앞서 나는 관련 기록들을 조사해보았다. 심지어 나는 이 플레처가의 살아 있는 친척들을 찾아내서 연락을 주고받기까지 했다. 하지만 현재까지 메리일 수도 있는 딸의 출생을 밝히지는 못했다.

출생신고서를 찾으면 신분 문제가 단숨에 풀리겠지만, 이 문제를 해결해줄 또 다른 자료로는 메리의 어머니의 부고기사가 있다. 나는 메리의 출생과 관련된 정보를 제공해줄지도 모를 신문들의 마이크로필름을 겨우 찾아냈다. 다음 몇 주 안에 이 자료를 복원해서 조사해볼 생각이다.

당분간은 메리 F. 스크랜튼이 입양되었을 가능성을 열어두어야 할 것이다. 하지만 여기서는 일단 이 여성이 1832년 12월 9일, 매사추세츠 벨처타운에서 에라스투스 벤튼과 알미라 타운 사이에서 태어났다는 전제 하에 논의를 이어갈 것이다.

구한말 한국의 문화적 상황과 여성 선교사의 필요성

실제로 한반도가 개신교에 본격적으로 문호를 개방하게 된 것은 바로 한미수호통상조약이 체결된 1882-1883년이었다. 이것은 외교와 통상

분야에서 한미간 상호이익 증진을 목적으로 체결된 정치 조약이었다. 조약이 체결되기 전까지 조선은 폐쇄적인 나라로 여겨졌다. 그래서 은둔국이라는 별명이 붙은 것이다. 기독교의 진출이 처음부터 협상 대상이었는지 아니면 뜻밖의 수확이었는지는 또 다른 연구 주제가 될 것이다.

스크랜튼 일가를 비롯하여 같은 뜻을 품은 이들이 1885년 한국에 도착했을 때, 기독교는 한국인들에게 새로운 것이 아니었다. 이미 수세기에 걸쳐 유럽에서 건너 온 여러 교파 사람들이 한국에서 그들 나름대로 터전을 닦아놓았기 때문이다. 이미 수년 전에 한국에서 가톨릭 개종자들이 상당수 학살당하는 사건도 있었다.

한미수호통상조약이 서울에서 재비준되고 승인된 지 약 1년 후에, 의사이자 목사였던 로버트 매클레이(Robert Samuel Maclay, 1824-1907)가 한국에서 감리교 선교의 포문을 열겠다는 목적을 가지고 위험을 무릅쓰고 방한길에 올랐다. 펜실베이니아 태생인 매클레이는 1845년에 디킨슨대학(Dickinson College)에서 이학사를 취득하고 1848년에는 석사학위를, 그리고 나중에 명예신학박사학위를 취득한 인물로 중국에서 23년간 선교사로 활동했다. 일본 선교 담당 감리사로 임명된 그는 1873년 6월 12일 요코하마에 도착했다. 그런 그가 1884년 6월 24일, 고종(1852-1919)으로부터 서울에 미션스쿨과 병원을 열어도 좋다는 윤허를 받았다.

매클레이는 한국에 처음 건너온 미국인 목사와 함께 당시 서울에 있던 미국 공사관에서 공사 루셔스 푸트(Lucius H. Foote)를 만났다. 매클레이의 방한은 뉴욕 미감리교회 해외선교부(Foreign Mission Board of the M. E. Church)의 상관들의 눈에는 성공적인 것으로 보였다. 출간된 여러 자료 및 해설에 따르면 왕은 그 토대가 개신교에 있는 한 병원 및 학교 설립을 반대하지 않았다고 한다. 고종이 또 다른 재앙을 피하려고 애쓰면서 가톨릭의 영향을 경계했다는 데에는 의심의 여지가 없다.

계간지 『감리교회 편람(Manual of Methodist Episcopal Church)』은 매클레이에 대해 다음과 같이 말한다.

> 매클레이는 최종 목표가 선교에 있음을 부정하지 않으면서 교육 및 의료 사업을 시작하는 것이 좋겠다고 생각한다. 학교는 환영받을 것이고 병원은 필요하다. 이러한 기관들을 소개함으로써 우리는 이전에 시도해 보지 않은 곳에서 큰 성공을 거두리라는 확신에 찬 기대를 가져볼 수 있다……

여기서 매클레이의 생각을 다른 말로 해보면 다음과 같다. 최종 목표는 기독교로의 개종이다. 그리고 이 목적을 달성하기 위해 사용되는 수단과 혜택이 병원과 학교이다.

매클레이가 한국 여행을 감행하는 데 영감을 준 사람은 그와 마찬가지로 펜실베이니아 태생이자 디킨슨대학을 나온 존 가우처(John Franklin Goucher)였다. 가우처는 감리교의 후원 아래 성장했으며 메릴랜드의 한 부유한 집안의 여인과 혼인했다. 그의 부인의 이름은 세실리아 피셔(Cecilia Fisher)였다. 발티모어에서 감리교 목회를 시작한 그는 이후 15개의 교회를 세웠다. 사람들은 가우처하면 메릴랜드 여성 교육의 산실인 가우처대학교(Goucher College)를 가장 먼저 떠올릴 것이다.

1883년 11월, 가우처 목사는 뉴욕에 있는 감리교 선교회(Missionary Society of the Methodist Episcopal Church)에 다음과 같은 편지를

썼다.

> 제 판단으로는 우리 교회가 처음에 선교, 교육 및 의료 기관과 함께 현장(한국)에 들어가야 합니다. 그러기 위해서는 유능한 인재를 확보해야 합니다. 그래서 저는 작년에 제가 기부한 2천 달러에 새로이 3천 달러를 더해 그 기금이 서울에서의 선교 활동을 위한 부지를 구입하고 두 명의 선교사—둘 다 기혼으로서 한 명은 선교사 경험이 있는 목사이고 다른 한 명은 의료 선교사로서 올해부터 현장에 투입될 선교사—를 파송하는 데 사용되기를 바랍니다.

그러고 나서 가우처 목사는 한국 선교 착수금을 내놓았지만 여기엔 제한이 있었다. 그가 내건 조건들을 충족시켜야 했던 것이다. 선교사는 기혼으로 한 명은 의술을 익힌 인물이어야 했고, 다른 한 명은 선교사 경험이 있는 목사여야 했다. 가우처가 말한 선교사가 뉴욕에 위치한 선교국, 즉 '모회(母會)'와 관련된 남성이라는 데에는 의심의 여지가 없다. 그 당시 여성은 목사 안수를 받을 수 없었기 때문이다.

의료선교사로는 메리의 아들인 의학박사 윌리엄 스크랜튼(1856-1922)이 뽑혔다. 맨 처음 "선교사 경험이 있는 목사"에 뽑힌 인물은 워즈워스(J. S. Wadsworth)였으나 무슨 이유에서인지 그가 마음을 바꿨다. 그래서 다음에 발탁된 인물이 헨리 아펜젤러(Henry G. Appenzeller)였다. 그 역시 펜실베이니아 출신이었는데, 처음에는 미혼이었으나 나중에 결혼해서 1885년 2월 6일, 파울러(Fowler) 감독에게서 목사 안수를 받았다. 파울러 감독은 1884년 12월에 뉴욕에서 윌리엄 스크랜튼에게도 안수를 베풀었다.

현재까지 나는 아펜젤러가 그전에 선교사로 활동한 적이 있는지 알지 못한다. 하지만 그에게 선교 경험이 없었다고 거의 확신한다. 선교국이 매클레이를 한국 선교 감리사로, 그리고 아펜젤러를 부감리사로 임명함으로써 사실상 선교사 경험을 요구하는 자격 조건을 피해갔을 확률이 높기 때문이다.

우리 이야기의 주인공인 메리 F. 스크랜튼의 활동과 삶으로 돌아가기 전에 대답해야 할 질문이 하나 있다. 그것은 가우처가 매클레이에게 방한을 요청하도록 영감을 준 인물이 누구인가와 관련되어 있다. 그리고 해답의 실마리는 민영익(1860-1914)이라는 한국 남성에게서 찾을 수 있다. 가우처는 왕비의 조카 민영익이 미국을 방문한 최초의 한국 사절단의 단장으로 미국에 체류하던 당시 그를 만났다. 가우처가 한국 선교 기금을 기부하면서 기혼 남성을 선교사로 발탁하는 조건을 내건 이유는 그가 민영익과 교분을 쌓는 동안 한국 문화를 배우게 되었고, 아마도 유교 문화에서 미혼 남성이 지도자의 자리에 있는 것이 부적절하다는 것을 깨달았기 때문일 것이다.

여기서 아펜젤러와 스크랜튼의 임명과 더불어 모선교국에서 지원한 재정이 소위 '여성 사업'에 배당되지 않았다는 사실을 인식할 필요가 있다. 사실 아펜젤러는 한국 최초의 남학교인 배제학당을 세운 것으로 잘 알려져 있다.

따라서 이제까지 행해진 내 연구가 놓친 중요한 요소는 가우처와 민영익의 관계가 한국 문화에서는 남녀에게 각기 다른 학교, 다른 병원, 그리고 어느 정도는 다른 행사, 다른 예배 시설이 있어야 할 것이라는 깨달음으로 이어졌는지의 여부와 관련되어 있다. 후속 연구에서 확실한 해답을 찾아야 하겠지만, 추측컨대 이 깨달음은 민영익에게서 가우처를

미 감리교가 해외에 배정한 교회 기금

	1884년		1885년	
	후원 기관		후원 기관	
	WFMS	뉴욕 감리교 해외선교부	WFMS	뉴욕 감리교 해외선교부
한국 할당 기금	$3,300	$5,000	$1,872	$8,190
세계 할당 기금	$177,215	$681,393	$192,477	$334,898
한국 배당 비율	1.86%	0.73%	0.97%	2.45%

출처: 『감리교회 편람』, 계간지, 1884년 1월 및 1885년 1월
『이교도 여성의 벗』, 1884년 12월 및 1885년 12월

거쳐 매클레이(그리고 푸트 공사), 그리고 선교국으로 이어진 것 같다.

만약 이것이 사실이라면, 매클레이는 1885년 한국 문화에서는 남성 선교사가 여성을 대상으로 교육 및 의료, 그리고 선교 활동을 펼칠 수 없다는 것을 깨달았음이 틀림없다. 여기서 다시 한 번 질문을 던져야 한다. 성과 나이 구분이라는 요소를 고려해볼 때, 윌리엄 스크랜튼의 어머니 메리 F. 스크랜튼이 처음부터 한국으로 파송될 선교사로 고려되었을 가능성이 있는가?

논의를 이어가기에 앞서 소위 모선교국인 뉴욕의 감리교 해외선교부는 "선교사 경험이 있는 목사"인 헨리 아펜젤러뿐만 아니라 한반도로 파송된 최초의 의료선교사인 윌리엄 스크랜튼을 재정적으로 후원한 반면, 같은 선교부의 여성지부였던 여성해외선교회(WFMS)는 메리 F. 스크랜튼을 재정적으로 후원했다는 사실을 인식할 필요가 있다.

WFMS에서의 메리 F. 스크랜튼의 활약

감리교 여선교회의 뉴욕 지부 및 뉴잉글랜드 지부가 메리 F. 스크랜튼을 선교사로 받아들였다는 그녀의 자필 기록이 남아 있기는 하지만, 여기에는 좀 더 설명이 필요하다.

스크랜튼 부인이 선교사로 승인되었다는 선언은 1884년 11월 5일, 메릴랜드 발티모어 매디슨가에서 열린 제15회 감리교 여성해외선교회 연례회의(The 15th Annual Session of the Woman's Foreign Missionary Society at the M. E. Church)에서 이루어졌다. 그 당시 그녀는 클리블랜드에 거주하고 있었기 때문에 신시내티 지부를 통해 여성해외선교회에 소속되어 있었다. 선교회의 세 지부를 대표하는 여성 세 명이 그녀를 위해 추천장을 작성했다. 이들은 바로 뉴욕 지부의 스키드모어 부인(Mrs. Harriett B. Skidmore), 뉴잉글랜드 지부의 알더만 부인(Mrs. L. A. Alderman), 신시내티 지부의 코웬 부인(Mrs. Cowen)이었다.

1884년 11월 5일 바로 이날, 스크랜튼 부인의 사례를 심의하기 위해 회의시간을 10분가량 연장한 가운데 안건이 통과되었다는 사실이 흥미롭다. 확실히 알려지지는 않았지만 추가 토의는 아마도 메리 스크랜튼의 나이와 그녀의 선교사 지원을 둘러싼 특별한 상황과 관련되어 있었을 것이다. 만약 회의록이 실제로 존재해서 누군가가 이를 발견해낸다면 굉장한 수확을 얻을 수 있을 것이다.

어쨌든 1884년 11월 5일을 기준으로 메리 F. 스크랜튼이 클리블랜드에서 불과 2년밖에 살지 않았다는 것은 중요한 사실이다. 그녀는 남북전쟁 이전에 남편과 네 살 난 어린 아들과 뉴욕에서 적어도 1년, 길게 잡아 2년을 살았던 것 같다. 하지만 결혼생활 및 과부 초기 생활의 대부분은 코네티컷 뉴헤이븐에서 보냈다.

과부가 된 그녀는 아들이 예일대학에 다니는 동안 그와 함께 뉴헤이븐 하이가에서 살았다. 그리고 윌리엄이 뉴욕 컬럼비아대학교 의과대학을 다닐 때는 다시 뉴욕에서 살았다. 단순히 『벗』으로도 알려진 감리교 여성해외선교회 월간지 『이교도 여성의 벗』에 인쇄된 한 주소에 따르면 그녀는 웨스트 23번가 159번지에 살았다. 그리고 1880년 미연방통계에 따르면 그녀는 많은 젊은이들이 거주하던 한 주택에서 아들과 함께 살았다. 컬럼비아대학교가 오늘날처럼 서쪽 상부에 있지 않고 시내 중앙에 더 가까이었다는 데 주의할 필요가 있다.

메리 F. 스크랜튼은 수년간 뉴욕동부연회(New York East Conference)의 간사였기 때문에 여기 가입하면서부터 스키드모어 부인과 알고 지냈다. 또한 사적으로는 알더만 부인과 친구 사이였다. 사실 한국으로 떠나기에 앞서 메리는 뉴헤이븐에 있는 친구들에게 작별인사차 들르기도 했다. 그녀의 삶에서 중요한 시기인 1885년 이전까지, 그녀는 거의 5년 동안(뉴욕에서 3년, 오하이오에서 2년) 뉴헤이븐에서 떨어진 곳에서 지냈다. 알더만 부인이 뉴헤이븐에서의 송별식을 준비했다. 제일교회 사람들은 메리에게 작별을 고하면서 실크로 된 퀼트를 선물했다.

그러므로 메리 스크랜튼이 뉴욕 및 뉴잉글랜드 지부를 통해 여성해외선교회에 가입했다고 밝혔을 때, 그녀가 이 지부들에 더 큰 밀착감을 느낀 것은 너무나 당연하다. 결과적으로 그녀는 클리블랜드에서 2년밖에 살지 않았다. 그리고 문헌에 따르면 메리 스크랜튼은 스키드모어 부인과 알더만 부인의 격려 속에 선교사 임명을 받아들였다고 한다.

멀리 1878년으로 거슬러 올라가는 『벗』의 기록은 스크랜튼 부인이 뉴욕동부연회를 후원하기 위해 캔턴, 체셔, 파밍턴, 뉴브리튼, 미들필드

등 코네티컷의 여러 도시에서 모은 기부금을 포함해서 기금을 모았다는 것을 밝혀준다. (예나 지금이나) 코네티컷 서부는 뉴욕동부연회에, 코네티컷 동부는 뉴잉글랜드연회에 속해 있다.

더욱이 1878년에 간행된 『벗』에 따르면 메리 스크랜튼은 연회의 연사였다. 타 종교에 대한 이해 진작을 위해 보스턴에서 열린 제9회 총무위원회 연례회의(the 9th Annual Session of the General Executive Committee)에서 스크랜튼 부인은 네덜란드 개혁교회의 형성에 관해 강연했다. 1880년 보스턴에서 열린 제11회 연례회의에서는 성서 봉독 및 기도로 3부의 막을 열었다.

여기서 요점은 다음과 같다. 실제로 선교사가 되기 위해 1884년 여성해외선교회에 지원했을 때, 메리 F. 스크랜튼은 그 조직에서 낯선 사람이 아니었다. 그녀는 최소한 1874년 이래로 이 조직의 일원이었으며 뉴헤이븐 지부의 부지부장이었다. 메리 스크랜튼은 이 선교회의 훨씬 더 큰 지부에서도 간사로 활동했었다. 그녀는 영향력 있는 사람들을 알고 있었고 그들과 중요한 관계를 맺고 있었다.

새로운 탐구의 시작: 메리 스크랜튼의 역사적 중요성

1869년, 여덟 명의 여성이 WFMS를 세웠을 때, 메리 F. 스크랜튼은 남편 윌리엄 탤콧 스크랜튼과 외아들 윌리엄 벤튼 스크랜튼과 함께 코네티컷 뉴헤이븐에 살고 있었다.

메리 F. 스크랜튼이—또는 뉴헤이븐 제일감리교회에서 온 다른 누구라도—여성으로는 처음으로 인도로 떠나는 두 선교사를 배웅하기 위해

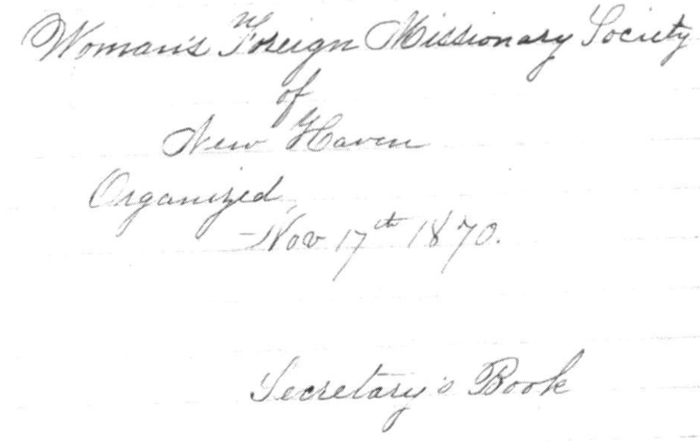
Woman's Foreign Missionary Society
of
New Haven
Organized
Nov 17th 1870.

Secretary's Book

1870년 11월 7일 뉴헤이븐에 WFMS가 조직되었다는 서기록

1869년에 뉴욕 여성해외선교회에 참석했는지를 묻는 것은 다음 연구를 위한 좋은 질문이다. 뉴헤이븐과 제일감리교회는 뉴욕동부연회에 속해 있었을 뿐만 아니라 감리교의 중심지였기 때문에 뉴헤이븐 대표들이 이 중요한 날 뉴욕에 왔을 가능성이 매우 높다.

윌리엄 T. 스크랜튼 부인은 결혼 생활 대부분과 과부 초기 생활을 현재도 아이비 리그에 속한 예일대학교로 유명한 엘름가에서 살았다. 그녀는 남편과 아들, 시댁, 그리고 시부모님의 친척과 함께 예일대학교와 엘름가 모퉁이에 위치한 제일감리교회에서 예배를 드렸다. 이 가족이 그로브가 43번지에 살던 1872년, 스크랜튼 부인은 뉴헤이븐 시의회 의원이었던 남편 윌리엄 스크랜튼을 여의었다. 그로부터 2년 후, 여성해외선교회 지부는 그녀를 부지부장으로 선출했는데, 이것은 그녀가 미래에 받게 될 소명의 서곡이었다.

더욱이 감리교의 한국 진출의 토대를 닦는 작업이 뉴헤이븐에서 이루어진 것은 자연스러워 보인다. 적어도 뉴헤이븐의 제일감리교회와 그곳

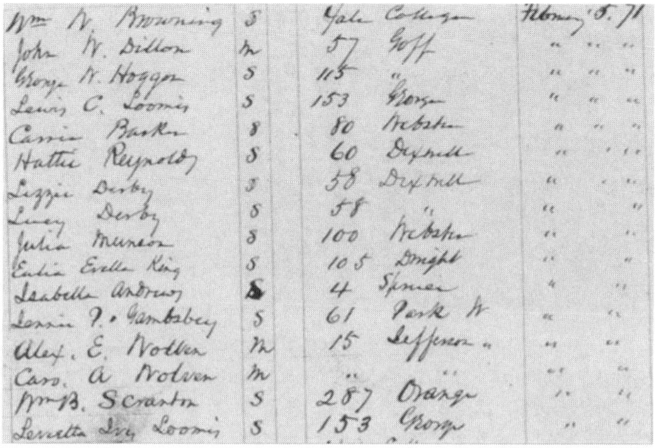

Wm. W. Browning	S	Yale College	February 15. 71
John W. Dillon	M	57 Goff	" " "
George W. Hoggon	S	115 "	" " "
Lewis C. Loomis	S	153 George	" " "
Carrie Barker	S	80 Webster	" " "
Hattie Reynolds	S	60 Dixwell	" " "
Lizzie Derby	S	58 Dixwell	" " "
Lucy Derby	S	58 "	" "
Julia Munson	S	100 Webster	" "
Eulia Estella King	S	105 Dwight	" "
Isabella Andrews	S	4 Spencer	" "
Jennie [illegible] Gamsbey	S	61 Park St	" "
Alex. E. Wolten	M	15 Jefferson "	" "
Caro. A. Wolven	M	"	" "
Wm. B. Scranton	S	287 Orange	" "
Lenetta [illegible] Loomis	S	153 George	" "

1871년 2월 15일자 뉴헤이븐 제일감리교회 등록자 명단.
맨 위 오른쪽에 날짜가, 왼쪽 명단 맨 아래에서 두 번째에 윌리엄 스크랜튼의 이름이 기재되어 있다.

교구민인 메리 F. 스크랜튼이 한국에서의 감리교 선교의 서막을 여는 데 큰 역할을 담당했다는 것은 당연한 사실이다. 1871-1873년 사이에 지난 25년간 아시아 선교로 잔뼈가 굵은 매클레이가 뉴헤이븐에서 안식년을 보냈다. 그는 이곳에서 자녀들을 학교에 보내고 스크랜튼 가족이 다니던 교회에 다녔다. 당시에는 세상이 그리 넓지 않았으므로 스크랜튼가와 매클레이가가 서로 알았다는 것은 확실하다.

1873년 3월 20일 목요일, 제일감리교회는 그 다음날 일본에서의 새로운 선교 활동을 위해 떠나는 매클레이와 그 가족의 여행길이 안전하기를 기원하는 마음에서 저녁식사 자리를 겸한 송별회를 후원했다. 송별회는 루미 음악의 전당(Loomi's Temple of Music)에서 열렸다. 이 날 사회자 역시 의사이자 목사인 조지 우드러프(George W. Woodruff)였는데, 그는 당시 10대였던 윌리엄 스크랜튼이 불과 2년 전에 자신의 교회에 왔을 때 그를 반겨주었던 인물이다.

Senior Class.

CLASSICAL DEPARTMENT.

John K. Beach,	New Haven.
John W. Bristol,	New Haven.
Charles C. Camp,	West Meriden.
Charles M. Clark,	Lanesboro, Mass.
George L. Curtis,	Canandaigua, N.Y.
Gustavus Eliot,	North Haven.
George W. Forsyth,	Newburgh, N.Y.
Arthur Ingraham,	New Haven.
J. Herbert Johnston,	New York City.
George B. Kaine,	Uniontown, Pa.
George H. Knight,	Lakeville, Conn.
Charles B. Martin,	New York City.
Timothy D. Merwin,	New Milford.
Robert G. Osborn,	New Haven.
William R. Sanborn,	New Haven.
William B. Scranton,	New Haven.
Charles H. Stevens,	New Haven.
George T. Stewart,	New York City.
John S. Thacher,	New Haven.
George Trowbridge,	New York City.
Harold S. Van Buren,	Englewood, N. J.
Philip J. Wilson,	Millerton, N.Y.

왼쪽 사진은 1800년대 홉킨스대학교의 모습. 오른쪽 기록은 윌리엄 스크랜튼의 수강 기록. 이 학교에서는 고전 학문을 배우는 과정과 과학을 배우는 과정이 있었는데 윌리엄은 고전 학문을 배우는 과정에 등록했고 특히 라틴어와 그리스어를 열심히 배웠다. 명단 맨 아래에서부터 일곱 번째에 윌리엄 스크랜튼의 이름이 보인다.

매클레이는 그날 저녁 고별사에서 해외 선교에서 한 걸음 더 나아가 여성의 해외선교사에까지 관심을 영역을 넓히며 다음과 같이 말했다.

> 중국과 인도에서 여성은 종교를 자신의 요새로 삼습니다. 이것은 일본에서도 어느 정도 사실입니다. 여러분은 아내, 어머니, 여자형제의 지위 향상으로 모든 나라의 문명을 시험해볼 수 있습니다. 이러한 지역에 다가가기 위해 우리는 무엇을 할 수 있습니까? 감리교회 여성에게는 교회 재산을 관리할 권한이 있습니다. 우리 여성들은 수백만 달러의 기금을 사용하고 있습니다. 이교도 땅에 사는 자매들이 우리의 자비와 도움을 절실히 바라는 이때, 이러한 수단을 자신의 사치를 위해 사용한다면 하나님께서는 그들에게 반드시 책임을 물으실 것입니다. 우리 모두 이 모든 일이 하나님의 일임을 깨닫고 그분께서 축복을 내려주시길 기도합시다.

매클레이가 뉴헤이븐을 떠난 지 10년이 못 되어 윌리엄 스크랜튼은 아버지 없는 소년에서 어른으로 성장했다. 그는 홉킨스대학교와 예일대학교를 졸업했다. 또 어릴 적 티푸스에 걸렸을 때 어머니에게 했던 약속을 지키기 위해 의학에 입문, 1882년에 컬럼비아대학교에서 의학박사 학위를 취득했다. 또한 그해에 코네티컷 노리치에서 45년간 회중교회 목사로 사역한 분의 손녀딸 루이자 암스(Louisa Wyeth Arms)와 결혼했다.

루이자 암스는 앨라배마에서 태어났다. 그녀의 아버지도 노리치 타운에서 태어나기는 했지만 남군으로 군복무를 했고 전쟁에서 얻은 정신적 고통을 끝내 극복하지 못했다. 루이자의 어머니 핸리타 암스(Hanrietta McKay Arms)가 죽었을 때, 부고기사는 그녀가 해리엇 스토(Harriet Beecher Stowe)의 친구이자 개인간호사였다고 밝혔다. 2009년 12월, 스토 가문 사람들이 이를 확인해주었다. 해리엇 스토는 미국사에서 가장 상상력이 풍부한 작가 중 한 명일 것이다. 그녀의 가장 유명한 소실 『톰 아저씨의 오두막』은 노예제의 악마성을 그려 남북전쟁에 영향을 끼쳤다.

하이람 암스(Hiram Phelps Arms) 목사, 루이자 암스의 할아버지

스크랜튼가와 암스가의 결혼은 회중교도들과 감리교도들이 거의 어울리지 않던 시절에 하나의 특이한 사건이었다. 그러나 흥미롭게도 메리의 부모님도 이와 같은 결혼을 했다. 2년 후 뉴욕에서 윌리엄 스크랜튼은 파울러 목사에게 안수를 받고 목사가 되었

루이자 암스의 아버지인 조지 암스(George Henry Arms)의 묘.
윌리엄의 아버지는 북군이었으나 루이자의 아버지는 남군이었다.

다. 신학교에 다니지 않았음에도 목사 안수를 받은 것은 기혼인 남성 의사가 한국에 파송되어야 한다는 가우처의 요구를 따르기 위해서였던 것으로 보인다.

1884년 6월 24일, 매클레이가 한국의 왕에게서 서울에 미션스쿨과 병원을 열어도 좋다는 윤허를 받았을 때, 메리를 포함한 스크랜튼 가족은 윌리엄이 개업한 병원이 있는 오하이오 주 클리블랜드에서 살고 있었다. 들리는 이야기에 따르면, 매클레이는 클리브랜드에 있는 메리 F. 스크랜튼을 방문했다가 복도에서 스크랜튼 박사의 부인인 루이자를 만나 한국에서 하나님을 섬기는 것이 어떻겠냐고 물어보았다고 한다. 그녀는 잠시 망설이다 마침내 대답했다. "남편이 가는 곳이라면 어디든지 함께 가겠어요."

하지만 왜 윌리엄이 선택되었는가? 매클레이가 뉴헤이븐을 방문했을 때 윌리엄은 10대 소년에 불과했다. 어째서 윌리엄이 감리교 최초의 한국 의료선교사로 발탁되었는가? 그의 임명은 그의 어머니와 관련이 있는가? 윌리엄 스크랜튼 덕분에 어머니가 선택된 것인가, 아니면 반대로

코네티컷 노리치에 위치한 회중교회의 어제와 오늘

메리 스크랜튼 덕분에 윌리엄 스트랜튼이 선택된 것인가?

윌리엄과 메리 스크랜튼의 한국 선교행을 두고 이러한 질문을 하는 것은 어쩌면 무리일지도 모른다. 한국의 복음화를 위해 의료를 하나의 선교 수단으로 채택한 미국 감리교의 입장에서 의사였던 윌리엄 스크랜튼은 귀중한 인재였기 때문이다. 그럼에도 불구하고 내가 이와 같은 질문을 던진 것은 미국 감리교의 해외선교사 선발에서 메리 스크랜튼이 아들의 보조자가 아닌 주체적 선교사로 인식되었을 가능성을 제기하기 위해서이다. 이제까지 살펴본 나의 연구 과정은 이것을 밝히기 위한 여정에 다름 아니다.

우선, 메리 스크랜튼의 유년기와 청소년기는 그녀가 훌륭한 선교사로 성장하는 데 자양분을 제공했다. 감리교 목사 집안 출신으로 기독교적 환경에서 자란 그녀에게 여자신학교에 준하는 노리치여자학교에서의 학업은 분명 여성 신앙 교육의 중요성을 일깨워주었을 것이다. 그녀가 WFMS에서 활약할 수 있었던 것도 이처럼 오랜 시간 동안 필요한 소양을 쌓았기 때문일 것이다. 둘째, 해외 선교에서 여성을 독자적 부분으로 인식하기 시작한 미국 감리교에게 '여성' 선교 및 사업을 담당할 '여성' 선교사 배출은 선택사항이 아닌 필수사항이었을 것이다. 더욱이 남녀가 유별한 구한말 상황에서 남성인 윌리엄 스크랜튼과 아펜젤러만이 선교사로 파송되었다면 미감리교는 여성 신도를 얻는 데 큰 어려움을 겪었을 것이다. 그만큼 한국 선교에서 여성선교사가 절실했다는 말이다. 하지만 여성의 사회 활동에 거부감을 느끼는 곳에서 더군다나 미혼 여선교사가 한국 선교에 나섰다면 그 또한 실패했을 것이다. 이 모든 조건을 고려해볼 때, 선교사로서의 자질을 갖춤과 동시에 구한말의 보수적 정서를 비껴갈 수 있는 인물로 메리 스크랜튼만한 적임자는 없다. 다시 말해, 선교사 선발 당시 그녀는 처음부터 여성 선교 및 사업의 책임자로 고려되었다. 이것이 메리 스크랜튼의 발자취를 더듬어가며 내가 내린 결론이다.

한국은 메리 스크랜튼이 인생의 후반부에 펼친 사역과 그 열매를 잘 알고 있다. 반면 미국은 메리 스크랜튼이 나고 자란 고향임에도 불구하고 그녀를 거의 알지 못한다. 그리고 그 중간에 내가 서 있다. 이제까지 나는 미국인에게 스크랜튼이 한국에서 펼친 놀라운 사역을 소개하고, 한국인에게 이 여인이 한국에 오기 전 미국에서 어떤 삶을 살았는지 알리는 데 초점을 맞춰왔다. 아직 미완결 상태에 있는 몇 가지 조사를 마치고 나면 미국과 한국을 넘나들며 여권 신장에 기여한 강인한 여성의 일대기가 뼈대를 갖출 것이다. 이것이 한미 양국의 메리 스크랜튼 연구에 어떤 영향을 주게 될지 나는 아직 알지 못한다. 하지만 여러 사람이 이 뼈대에 살을 붙이는 작업을 시작해서 마침내 그녀의 삶이 온전한 상을 갖추게 될 때 메리 스크랜튼이라는 인물의 역사적 의미를 더 깊이 알 수 있게 되리라는 확신은 가지고 있다. 메리 스크랜튼을 찾는 여행 중간, 잠시 뒤를 돌아 바른 길을 걸어왔나 살펴본 나는 이제 한국에 오기 전 그녀에게 영향을 끼친 사람, 장소, 사건, 제도들을 종합하여 그녀를 바라볼 역사적 관점을 수립하기 위한 여정에 오르려고 한다. 수많은 난관 속에서도 하나님께 감사를 드렸던 그녀의 기도를 마음에 품고 힘찬 발걸음을 내딛을 것이다.

"한국에서 제게 헤아릴 수 없이 많은 은혜를 내려주신 하나님, 감사드립니다."

참고 문헌

1차 문헌 : 스크랜튼의 저술

Scranton, Mary F.(1907). "Sang Dong and Southern Districts." *Minutes and Reports of the Korea Woman's Conference of the Methodist Episcopal Church.*

_____ (1906a). "A Royal School." *The Korea Mission Field*, Jul.

_____ (1906b). "Mead Memorial Church and Kyung-keui Do." *Minutes and Reports of the Korea Woman's Conference of the Methodist Episcopal Church.*

_____ (1905). "Evangelistic Work, Mead Memorial Church, Seoul." *Minutes and Reports of the Korea Woman's Conference of the Methodist Episcopal Church.*

_____ (1898a). "Missionary Work among Women." *The Korean Repository*, Sep.

_____ (1898b). "Grace's Wedding." *The Korean Repository*, Aug.

_____ (1897). "Among Women of City and Country." *The Korean Repository*, Aug.

_____ (1896). "Woman's Work in Korea." *The Korean Repository*, Jan.

_____ (1895). 『예수성경문답』(번역). 정동: 삼문출판사.

_____ (1891). 『훈ᄋᆞ진언』(번역). 정동: 삼문출판사.

_____ (1890). 『크리스도쓰 셩교문답』(번역). 정동: 삼문출판사.

_____ (1888a). *The Gospel in All Land for 1888.*

_____ (1888b). *16th Annual Report of Women's Foreign Missionary Society.*

2차 문헌 : 스크랜튼 관련 저술

〈국내 문헌〉

"달성회당에서 온 편지."『대한크리스도인회보』, 1898. 11. 16.
"부인이 고국에 도라가심."『대한크리스도인회보』, 1898. 11. 8.
"시목사 소식."『대한크리스도인회보』, 1899. 3. 8.
"도라오심."『대한크리스도인회보』, 1899. 12. 25.
"시란돈 장로사와 그 대부인 귀국하심."『신학월보』, 1901. 8.
"시크란톤씨의 대부인 상사를 조상함."『대한매일신보』, 1909. 10. 10.
강선미(2002).『조선파견 여선교사와 (기독)여성의 여성주의 의식형성』. 이화여대 박사학위논문.
김옥길(1994).『내 잔이 넘치나이다』. 서울: 이화여자대학교출판부.
김종설 외(1999).『기독교대한감리회 상동교회백십일년사』. 편집위원회 편. 서울: 상동교회.
김활란(1965).『그 빛속의 작은 생명』. 서울: 여원사.
노블부인 편(1927).『승리의 생활』. 경성: 조선예수교서회.
노천명(1956).『이화70년사』. 이화70년사 편찬위원회 편. 서울: 이화여자대학교출판부.
민숙현 · 박해경(1981).『한가람 봄바람에: 이화100년 야사』. 서울: 지인사.
박용옥(2001). "기독교의 수용과 여성근대화."『한국 여성 근대화의 역사적 맥락』. 서울: 지식산업사.
_____ (1975).『한국근대여성사』. 서울: 정음사.
서광선(1972). "한국 여성과 종교."『한국 여성사 개화기-1945』 제2권. 서울:

이화여자대학교출판부.
손인수(1977).『한국여성교육사』. 서울: 연세대학교출판부.
신옥희(1999). "변화하는 세계와 여성고등교육."『김활란박사 탄생 100주년 기념학술대회 자료집』. 이화여자대학교 여성연구원.
양현혜(2006). "근대 한국 개신교 민족담론과 여성."『민족과 여성신학, 여성신학사상』 제6집. 서울: 한들출판사.
윤후정(1997).『여성의 인간화를 위하여: 윤후정 여성학평론집』. 서울: 도서출판 여성신문사.
윤춘병(1990).『기독교대한감리회 동대문교회 백년사. 서울: 밀알기획.
이규태(1992).『한국 여성의 의식구조 제1권: 생구인가 사람인가』. 서울: 신원문화사.
이덕주(2007).『새로 쓴 한국교회 처음 여성들』. 서울: 홍성사.
_____ (2006). "한국교회 초기 부흥운동과 여성."『민족과 여성신학, 여성신학사상』 제6집. 서울: 한들출판사.
_____ (2001).『선한 사마리아인의 애오개 사랑: 아현교회110년사』. 서울: 기독교대한감리회 아현교회.
_____ (1991).『한국 감리교 여선교회의 역사』. 서울: 기독교대한감리회 여선교회전국연합회.
_____ (1988). "스크랜튼 가족의 선교."『상동교회를 중심으로 활동한 나라와 교회를 빛낸이들』. 서울: 상동교회 역사편찬위원회.
이만렬(1993).『한국기독교와 역사의식』〈사회와 사상 6〉. 서울: 지식산업사.
_____ (1990). "기독교 수용의 형태와 전통사회와의 갈등."『19세기에 있어서 외래사상과 전통의 갈등: 제4차 한일합동회의 자료집』. 한일문화교류기금.
이배용 · 이현진(2008).『스크랜튼』〈이화 역사의 뿌리를 찾아서 1〉. 서울: 이화여자대학교출판부.
이숙진(2006). "근대 한국개신교 민족담론과 여성."『민족과 여성신학, 여성신학사상』 제6집. 서울: 한들출판사.
이화여자대학교 110년사 편찬위원회 편(2006).『이화110년사: 이화 2세기의 출발 1987~1996』. 서울: 이화여자대학교출판부.
장미경(1998). 『스크랜튼 대부인의 선교 활동에 관한 연구』. 감리교신학대학교 신학대학원 석사학위논문.
정의숙(1999). "이화의 창조적 내일을 위하여"(총장취임사). 『여성에서 인간으로 그리고 전문인으로: 정의숙 신앙과 헌신의 자취』. 서울: 이화여자대학교출판부.
정충량(1967). 『이화80년사』. 이화80년사 간행위원회 편. 서울: 이화여자대학교출판부.
함홍근 외(1994). 『이화100년사』. 이화100년사 편찬위원회 편. 서울: 이화여자대학교출판부.

〈외국 문헌〉

Annual Report of the Woman's Foreign Missionary Society of the Methodist Episcopal Church. New York: Board of the Woman's Foreign Missionary Society of the Methodist Episcopal Church 1885-1910.
Annual Report of the Board of Foreign Mission of the Methodist Episcopal Church. New York: Board of the Foreign Mission of the Methodist Episcopal Church 1885-1910.
Minutes and Reports of the Korea Woman's Conference of the Methodist Episcopal Church 1903-1910.
Minutes and Reports of the Korea Mission of the Methodist Episcopal Church, 1894-1910.
Cable, E. M.(1934). "Beginning of Methodism in Korea." *Within the Gate*. Seoul: The Methodist News Service.
Campbell, B. E.(2005). To Educate is to Teach to Live, Women's

Struggles toward Higher Education, Women's Division. New York: General Board of Global Ministries.

Chaffin, A. B.(ed.)(1938). *Fifty Years of Light.* Seoul: The Woman's Foreign Missionary Society of the Methodist Episcopal Church.

Chaudhuri, N. & Strobel M.(eds.)(1992). *Western Women and Imperialism: Complicity and Resistance.* Bloomington and Indianapolis: Indiana University Press.

Frey, Lulu(1914). "Higher Education for Korean Girls." *The Korean Mission Field*, vol. 10, no. 10.

_____ (1905). "Mrs. M. F. Scranton." *The Korea Methodist*, Mar.

Guthapfel, M. L.(1906). "Bearing Fruit in Old Age." *The Korea Mission Field*, Jan.

Hillman, M. R.(1910). "Mrs. M. F. Scranton." *The Korean Mission Field: A Monthly Journal of Christian Progress*, vol. 6, no. 1. Seoul: Federal Council of Evangelical Missions in Korea.

Isham, M.(1936). *Valorous Ventures: A Record of Sixty and Six Years of the Woman's Foreign Missionary Society, Methodist Episcopal Church*, Boston: WFMS.

Lerner, G.(1993). *The Creation of Feminist Consciousness: From the Middle Ages to Eighteen-seventy.* New York and Oxford: Oxford University Press.

Rothweiler, L. C.(1892). "What Shall We Teach in Our Girls' School?" *The Korean Respository*, vol. 1, no. 3.

Scranton, W. B.(1886). *18th Annual Report of Missionary Society of the Methodist Episcopal Church.*

_____ (1893). *Annual Report of Missionary Society of the Methodist Episcopal Church.*

_____ (1892). W. B. Scranton's Letter to Dr. A. B. Leonard, Dec. 21.

Seo, H.(1997). "Christianity, the Korean Women's Movement and the Issue of Education." *Ewha Journal of Feminist Theology*, vol. 2. Seoul: Ewha Institute for Women's Theological Studies.

Shin-Lee, K. L.(1989). *Pear Blossoms Blooming*. Seoul: Ewha Womans University Press.

Singh, M. C.(2000). *Gender, Religion and Heathen Lands: American Missionary Women in South Asia*(1860s-1940s). New York & London: Garland Publishing.

Solomon, B. M.(1985). *In the Company of Educated Women: A History of Women and Higher Education in America*. New Haven: Yale University Press.

찾아보기

한국을 사랑한 메리 스크랜튼

펴낸날 1판 1쇄 2010년 12월 29일
지은이 이경숙 · 이덕주 · 엘렌 스완슨
펴낸이 최민숙
펴낸곳 이화여자대학교출판부
주소 서울특별시 서대문구 대현동 11-1(우 120-750)
등록 1954년 7월 6일 제9-61호
전화 02) 3277-2965(편집)
02) 362-6076(영업)
팩스 02) 312-4312
전자우편 press@ewha.ac.kr
인터넷서점 www.ewhapress.com
책임편집 이혜지
디자인 정혜진
찍은곳 한영문화사

ISBN 978-89-7300-902-2 93230

값 15,000원